Preface

어렵다고 하는 IT!

신 개념의 IT 교재인 Nwe My Love 시리즈는 독자 여러분에게 보다 쉽고도 친근하게
다가갈 수 있도록 정성을 다했습니다.

실습 위주의 따라하기 구성

기본 기능 및 실무에서 꼭 필요한 예제 중심으로 실습 체계를 구성하여 누구나 쉽게
따라하면서 경험을 쌓을 수 있도록 하였습니다.

베테랑 교사들의 알찬 노하우 수록

일선에서 강의하면서 학생들의 집중적인 질문을 받았던 핵심 사항들을 'Tip', '알아두
기' 코너를 만들어 담아놓아 학습 능률을 배가시켰습니다.

시원하고 미려한 디자인

학습 능률을 UP시킬 수 있도록 시원한 디자인과 글꼴 크기를 키웠습니다.

한달 단위로 마스터하도록 구성

전체 20단원으로 나누어 한달 단위 교육 커리큘럼에 맞추어 학습을 진행할 수 있도록
하였습니다.

스스로 해보는 풍부한 문제 수록

각 단원이 끝날 때마다 난이도 별로 기초 문제와 심화 문제로 분류한 문제를 수록하여
학습 이해도 및 응용 능력을 키울 수 있도록 하였습니다.

홈페이지에서 자료 다운로드

본 교재에 사용된 각종 예제 및 결과 파일들은 교학사 홈페이지(www.kyohak.co.kr)-
[IT/기술/수험서]-[도서자료]-[뉴마이러브]에서 다운받아 실습에 사용할 수 있습니다.

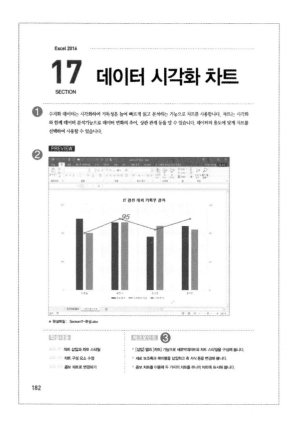

① 섹션 설명 : 섹션에서 다룰 내용에 대한 전체적인 개념을 설명합니다. 본문에 대한 이해도를 높이기 위한 코너이므로 꼭 읽어주세요.

② 완성파일 미리보기 : 섹션에서 만들어볼 결과를 '핵심 기능'과 함께 미리 보여주어 전체적인 흐름을 잡을 수 있습니다.

③ 체크포인트 : 섹션에서 배울 내용 중에 엑기스만을 모아 한눈에 들어올 수 있도록 간단 명료하게 정돈해 놓았습니다.

④ 실습 : 하나의 섹션에는 하나 이상의 따라하기식 실습 과제가 나타납니다. 실제로 만들어가는 과정을 하나하나 따라해가다 보면 쉽게 기능을 이해할 수 있을 것입니다.

⑤ Tip : 실습을 따라하면서 꼭 기억해 두어야할 핵심 사항이나 주의해야 할 부분, 즉 학생들의 집중적인 질문을 받았던 내용들을 수록하여 이해도를 높이도록 해줍니다.

샘플 예제

New My Love 시리즈의 예제 파일 및 결과 파일은 교학사 홈페이지(www.kyohak.co.kr) 에서 다운 받으실 수 있습니다.

➡ [IT/기술/수험서]에 마우스 커서를 올려놓은 후 [도서자료]를 클릭합니다.

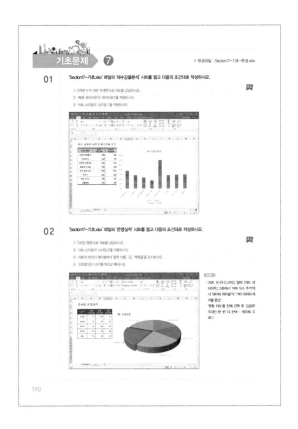

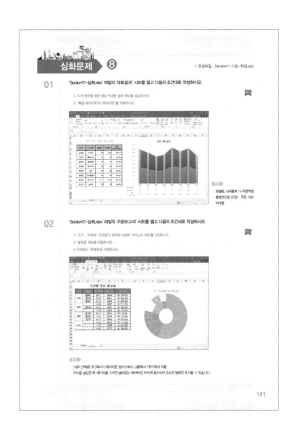

❻ 알아두기 : 실습에서 다루지는 않았지만 알아두면 큰 도움이 될 내용이나 좀더 고급적인 기능들을 담았습니다.

❼ 기초문제 : 하나의 섹션을 끝낸 후 스스로 풀어볼 수 있는 문제를 담아 배운 기능을 복습할 수 있도록 하였습니다.

❽ 심화문제 : 기초문제가 끝난 후 좀 더 난이도가 높은 문제를 풀면서 응용 능력을 키우도록 하였습니다.

➡ New My Love 시리즈에 체크표시
 합니다.

➡ 검색란에 엑셀 2016을 입력합니다.

➡ 해당 도서명의 게시물을 클릭하여 첨
 부파일을 다운 받습니다.

➡ 다운 받은 후 압축 프로그램을 이용
 하여 압축을 풀어 사용합니다.

Contents

Contents

01

SECTION

엑셀 2016 살펴보기

엑셀이란 Microsoft사에 개발한 사무용 프로그램으로 '스프레드시트'라고도 하며, 단순 계산 작업부터 회계, 장부, 데이터 분석과 관리, 그래프 작성과 문서 작성 기능 등 컴퓨터의 대표적인 사무용 프로그램입니다. 최근에는 모바일 오피스와의 호환 작업으로 엑셀 2013버전부터는 스마트기기에서의 사용이 가능해졌습니다.

이번 섹션1에서는 엑셀 2016의 기본 화면구성과 새로운 기능을 살펴보고 간단한 문서를 저장해 보도록 하겠습니다.

PREVIEW

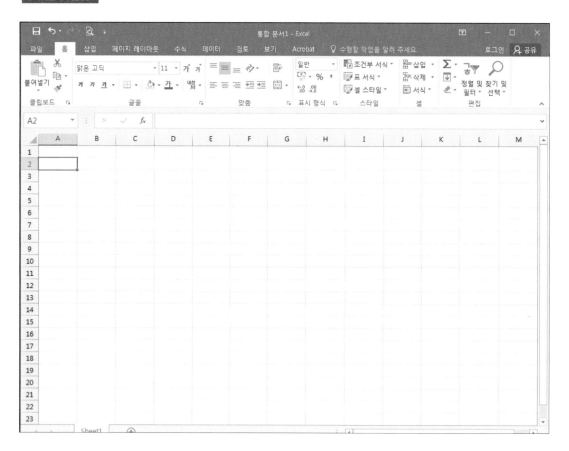

학습내용

실습 01 엑셀 2016의 시작과 종료

실습 02 서식 파일로 엑셀 문서 작성하기

실습 03 빠른 실행 도구 모음 지정하기

체크포인트

● 엑셀 2016을 실행하고 종료해 봅니다.

● 엑셀 2106의 화면구성과 새 문서를 작성해 봅니다.

● 빠른 실행 도구 모음의 명령을 추가하고 제거해 봅니다.

엑셀 2016의 시작과 종료

01 시작(⊞)을 클릭한 후 [시작]에서 'Excel 2016' 앱을 클릭합니다.

> **Tip** 윈도우 10에서 [시작]의 '모든 앱'을 클릭한 후 'Excel 2016'을 클릭하세요.

02 엑셀 2016을 실행하면 [최근 항목] 과 [서식 파일]을 선택할 수 있는 시 작화면이 나옵니다. [새 통합 문서] 를 클릭합니다.

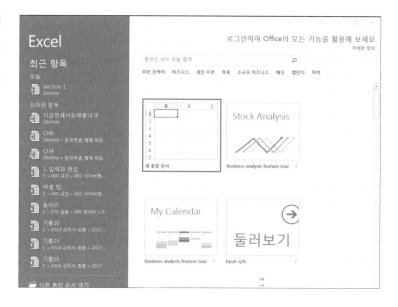

03 엑셀 작업을 할 수 있는 워크시트 (Worksheet)창이 열립니다. 엑셀 2016을 종료하려면 엑셀 창의 오른 쪽 상단의 닫기(✕)를 클릭합니다.

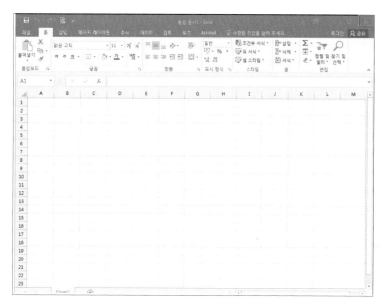

실습 02 서식 파일로 엑셀 문서 작성하기

01 엑셀 2016에서 제공하는 서식 파일로 새 통합 문서를 작성하려면 시작 화면에서 제공하는 문서를 목록에서 찾거나 온라인 검색창에 입력하여 다양한 스타일의 문서를 찾을 수 있습니다. 검색창에 '계획서'를 입력하고 Enter 를 누릅니다.

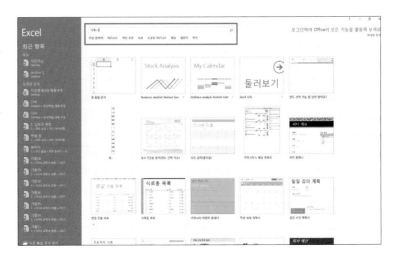

02 검색된 서식 파일의 목록에서 '일일 수업 계획서(일일 강의 계획)'을 선택한 후 [만들기]를 클릭합니다.

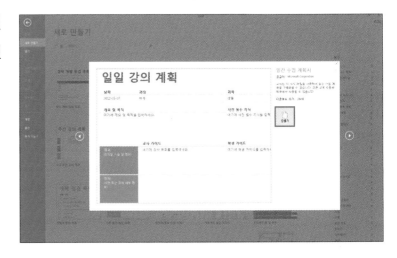

03 '일일 강의 계획서' 서식 파일의 내용을 수정합니다. [빠른 실행 도구 모음]의 저장(💾)을 클릭합니다.

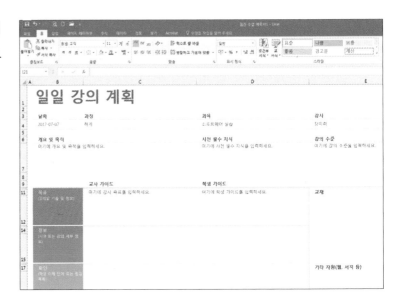

04 서식 문서의 내용이 수정되었으므로 '다른 이름으로 저장'이 열립니다. [이 PC]를 클릭하거나 [찾아보기]를 클릭합니다.

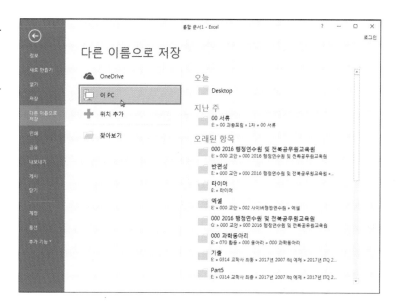

05 '저장 위치'는 [바탕 화면]을 클릭한 후 '파일 이름'은 '하계수업 계획서'로 입력합니다. 저장(🔲)을 클릭합니다.

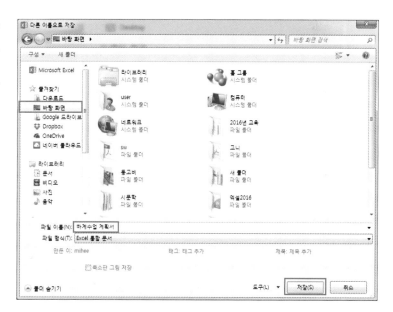

알아두기   **'저장'과 '다른 이름으로 저장'의 차이**

처음 문서를 작성한 후 [저장]을 클릭하면 '파일의 저장 위치'와 '파일 이름'을 입력한 후 저장을 합니다. 추가로 데이터를 편집하고 [저장]을 클릭하면 기존 문서에 재저장이 됩니다.

[파일] – [다른 이름으로 저장]을 클릭하면 기존 파일의 '파일 이름', '파일의 저장 위치', '확장자' 등을 변경하여 다른 파일로 저장이 가능합니다.

알아두기 | 엑셀 2016의 새로운 기능

엑셀 2016의 가장 큰 특징은 공유와 협업 기능입니다. 클라우드 기반에 저장과 공유를 통해 하나의 문서 파일을 여러 사용자들과 함께 실시간 공동 편집이 가능하며, 모바일 기기에서 클라우드에 저장한 파일을 열어 편집이 가능하며 엑셀, 파워포인트, 워드, 원노트 등 제한없이 작업할 수 있습니다.

1. 통합 문서 공유

OneDrive에 파일을 공유하여 실시간으로 확인/편집이 가능하고, 모바일 기기에서도 접근할 수 있어 제한 없이 작업할 수 있습니다.

2. 스마트 조회(Smart Lookup)

사용자가 찾고자 하는 정보를 웹 브라우저를 열지 않고 소프트웨어 작업 도중에 외국어 번역, 이미지, 자료 검색 등을 할 수 있습니다.

3. 텔미(Tell Me)

오피스 작업 도중 단어 검색을 이용하여 필요한 작업 수행을 빠르게 도와줍니다.

4. 새로 추가된 차트 6가지

엑셀에서 차트는 데이터를 분석하고 시각화하여 핵심 내용을 강조하거나 의사 결정을 하는 방법으로 많이 사용됩니다. 입력된 수치를 면적으로 변환하여 보여주는 트리맵(Treemap), 선버스트(Sunburst), 폭포(Waterfall) 그래프, 파레토, 수염 상자 그림, 히스토그램 차트 등이 추가되어 직관적인 시각화를 할 수 있습니다.

5. 3D 맵을 이용한 데이터 시각화

데이터를 3D형식의 Bing 지도에 시각적으로 표시할 수 있으며, 지리적 공간에 표시하고 타임스탬프가 지정된 데이터가 시간에 따른 변동 사항을 파악하고, 스토리를 공유할 수 있습니다.

6. 예측 만들기

두 데이터의 예측된 값과의 데이터를 차트로 표시하여 어떤 정보에 대한 추세를 예측할 수 있습니다.

알아두기   엑셀 사용 최적화 옵션 설정

엑셀을 사용하기 전 사용자의 환경에 맞는 설정을 하려면 [파일] 탭의 [옵션]에서 설정합니다.

❶ 자주 사용하는 기본 글꼴과 크기, 시트 수, 사용자 이름, 배경 등을 설정합니다. 글꼴 변경 메시지가 열리면 [확인]을 클릭합니다. 엑셀을 시작하면 기본 글꼴이 설정된 글꼴로 변경됩니다.

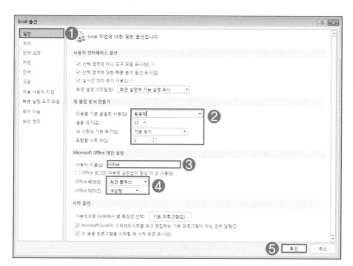

❷ 엑셀 한/영 자동 고침 해제와 문장의 첫 글자를 대문자로 변환 해제와 [표] 기능에서 붙여넣기 옵션이 표시되지 않거나 자동 계산이 되지 않을 때는 [자동 고침]의 [입력할 때 자동 서식] 탭을 설정하세요.

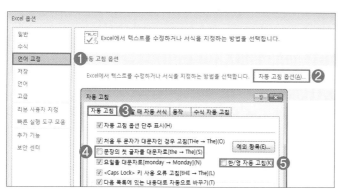
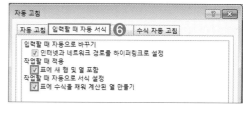

❸ Enter 키 방향설정과 붙여넣기 옵션이 표시 되지 않을 때

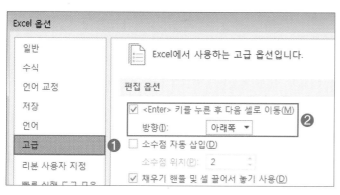
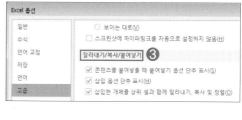

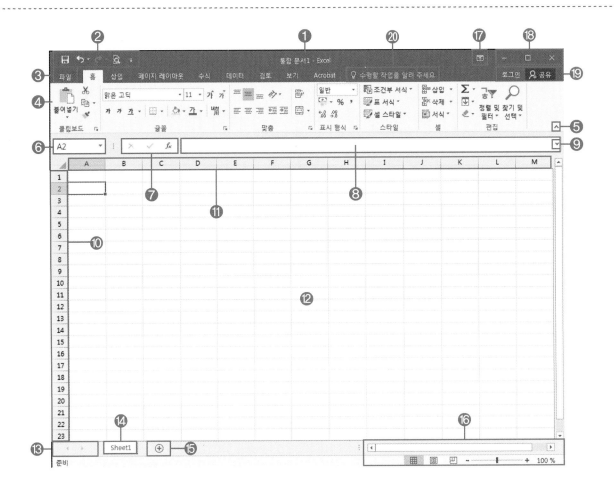

❶ 제목표시줄 : 현재 작업 중인 통합 문서의 저장 파일명이 표시됩니다.

❷ 빠른 실행 도구 모음 : 자주 사용하는 명령을 등록하는 도구 모음으로 원하는 명령을 추가,삭제 할 수 있습니다.

❸ [파일] 탭 : 새로 만들기, 열기, 저장하기, 인쇄, 옵션, 계정추가 기능 등을 지정할 수 있습니다.

❹ 리본 메뉴 : 메뉴 탭을 누르면 각 해당 탭에 자주 사용되는 명령들이 그룹별로 묶어져 표시됩니다. 그룹별 우측 하단의 자세히 버튼을 누르면 세부 명령을 선택할 수 있습니다.

❺ 리본메뉴 축소 단추 : 리본메뉴를 감추는 기능으로 워크시트를 넓게 사용합니다. 메뉴 탭을 더블클릭하면 다시 나타나며 또 다시 더블클릭하소면 축됩니다.

❻ 이름 상자 : 선택한 셀의 위치를 나타 냅니다. 셀의 범위를 하나의 이름으로 지정하면 범위이름이 표시됩니다.

❼ 함수 삽입 : 함수마법사 대화상자를 실행하여 함수를 빠르게 입력하고 계산합니다.

❽ 수식 입력줄 : 셀에 입력된 데이터나 함수식이 표시되거나 직접 입력할 수 있습니다.

❾ 수식 입력줄 확장/축소 단추 : 수식 입력줄을 확장 또는 축소합니다.

❿ 행 머리글 : 행 이름이 1,2,3.... 숫자로 표시되며, 1,048,576행을 표시합니다.

⓫ 열 머리글 : 열 이름이 A, B, C, D.. 알파벳으로 표시되며, XFD 열까지 16,384 열이 표시됩니다.

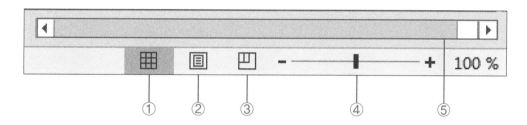

⓬ 워크시트 : 열과 행으로 이루어진 셀들의 집합으로 실제 데이터 작업 공간입니다.

⓭ 시트 이동 단추 : 여러 워크시트 작업할 때 시트를 이동합니다.

⓮ 시트 탭 : 통합 문서의 시트명이 표시됩니다.

⓯ 새 시트 : 새 시트를 추가합니다.

⓰ 상태 표시줄 : 엑셀 작업의 상태를 나타냅니다.

① 기본보기 : 엑셀의 기본 화면을 보여줍니다.

② 페이지 레이아웃 : 인쇄 모양대로 표시되며 데이터 입력과 편집 등 모든 작업이 가능합니다.

③ 페이지 나누어 미리보기 : 워크시트의 인쇄 영역과 페이지가 나눠지는 부분을 보여줍니다.

④ 확대/축소 슬라이드 막대 : 슬라이드 막대를 좌우로 움직이면 엑셀의 워크시트창이 확대/축소됩니다.

⑤ 워크시트 이동 : 워크시트를 좌우로 이동할 수 있는 스크롤 막대입니다.

⓱ 리본 메뉴 표시옵션 : 리본 메뉴 자동 숨기기, 탭 표시, 탭 및 명령 표시가 있습니다.

⓲ 창 조절 단추 : 현재 창의 최소화, 최대화, 종료 단추입니다.

⓳ 로그인 정보 : 사용자의 로그인 정보를 확인합니다.

⓴ 텔미(Tell Me) : 수행할 작업을 단어로 검색하여 빠르게 실행할 수 있습니다.

실습 03 빠른 실행 도구모음 지정하기

01 자주 사용하는 명령은 [빠른 실행 도구 모음]에 등록하여 사용합니다. 왼쪽 상단의 [빠른 실행 도구 모음]의 사용자 지정 단추(▾)을 클릭한 후 '새로 만들기'를 클릭합니다. [빠른 실행 도구 모음]에 추가되었습니다.

02 메뉴 목록에 없는 다른 명령을 한꺼번에 추가하려면 엑셀 왼쪽 상단의 [빠른 실행 도구 모음]의 사용자 지정 단추(▾)를 클릭한 후 [기타 명령(M)]을 클릭합니다.

03 [파일] 탭-[옵션]을 클릭하면 [Excel 옵션의 대화상자가의 [빠른 실행 도구 모음]의 '명령 선택'-'검토 탭'을 선택합니다. [시트 보호]를 선택한 후 [추가]를 누르면 오른쪽 '빠른 실행 도구 모음 사용자 지정' 목록에 추가가 됩니다. [확인]을 누릅니다.

> **Tip** '명령 선택'의 '모든 명령'을 선택하여 추가할 수 있습니다.

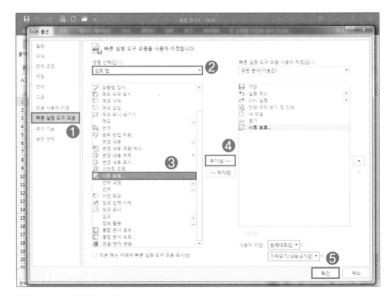

04 또 다른 방법으로 엑셀의 리본 메뉴에서 추가하는 방법입니다. 리본 메뉴에 있는 [데이터] 탭의 [정렬] 위에 마우스 오른쪽 단추를 누른 후 [빠른 실행 도구 모음에 추가(A)]를 클릭합니다.

05 '빠른 실행 도구 모음'에 추가된 명령을 빠르게 제거하려면 제거할 명령위에서 마우스 오른쪽 단추를 클릭한 후 [빠른 실행 도구 모음에서 제거(R)]를 클릭합니다.

06 '빠른 실행 도구 모음'은 사용자가 리본 메뉴의 위와 아래에 위치를 바꿀 수 있습니다. 엑셀 왼쪽 상단의 [빠른 실행 도구 모음]의 사용자 지정 단추(▾)를 클릭한 후 [리본 메뉴 아래에 표시(S)]를 클릭합니다. 리본 메뉴 아래에 표시되었습니다.

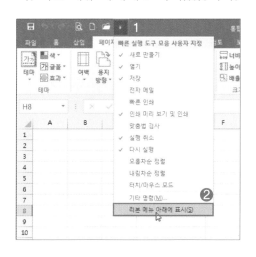

01 엑셀 2016을 실행한 후 [A1] 셀에 '상반기 워크샵 일정표'라는 내용을 입력해 보세요.

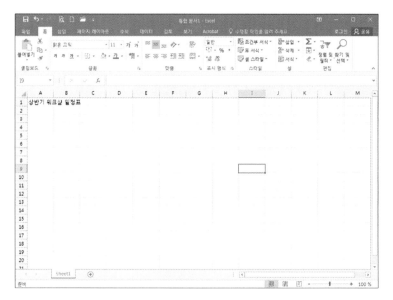

02 '빠른 실행 도구 모음'에 '오름차순 정렬'과 '내림차순 정렬'을 추가해 보세요.

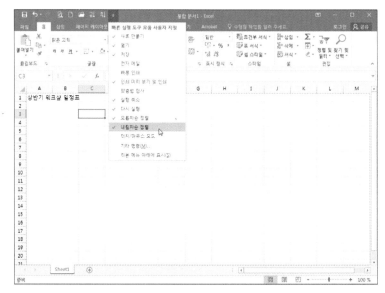

03 엑셀 문서를 '워크샵 일정표'라는 파일명으로 저장해 보세요.

심화문제

❖ 완성파일 : 하계수업 계획서.xlsx

01 엑셀 2016을 실행한 후 서식 문서를 '캘린더'로 검색한 후 '학생' 범주의 '학년도 달력'을 실행한 후 '2017년 7월'로 문서를 수정해 보세요.

힌트
- [파일]-[새로 만들기]-'캘린더' 검색
- 우측 [범주]-[학생] 클릭-'학년도 달력' 클릭
- 날짜 영역의 단추를 클릭하여 년도와 월 수정

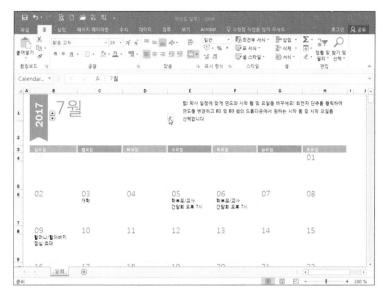

02 [보기] 탭의 [통합 문서 보기] 그룹의 [페이지 나누기 미리 보기]를 빠른 도구 모음에 추가해 보세요.

힌트
- [보기] 탭의 [통합 문서 보기] 그룹에서 [페이지 나누기 미리보기] 위에서 마우스 오른쪽 단추 클릭

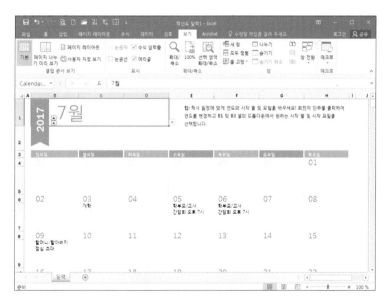

03 '정렬' 기능을 검색해 보고, 리본 메뉴를 축소해 보세요.

힌트
- 텔미 기능 활용
- 리본 메뉴 오른쪽 하단의 리본 메뉴 축소 단추(⌃)

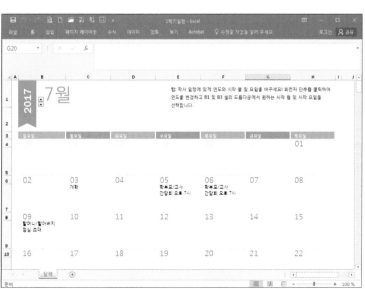

02

SECTION

데이터의 올바른 입력과 편집

엑셀에서 가장 중요한 것은 입력 데이터입니다. 오류가 없는 데이터를 입력했을때 데이터 관리와 분석이 정확해집니다. 데이터는 문자, 숫자, 문자와 숫자의 혼합, 날짜, 시간 데이터가 있으며, 가장 기본이 되는 데이터는 데이터의 형식에 맞게 입력하는 것이 중요합니다.

PREVIEW

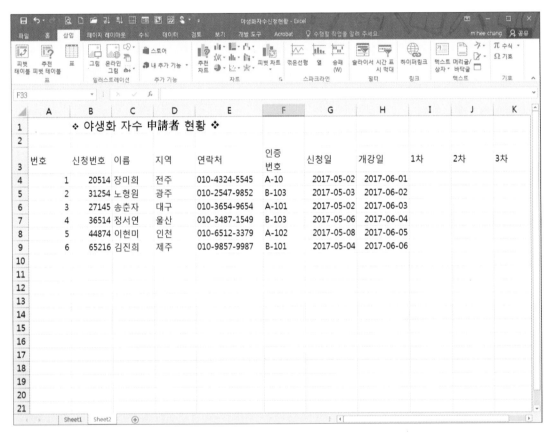

▲ 완성파일 : 야생화자수신청현황.xlsx

학습내용

실습 01 한자와 특수문자의 입력하기

실습 02 문자와 숫자 데이터 입력하기

실습 03 날짜와 시간 데이터 입력하기

실습 04 자동 채우기 핸들로 입력하는 데이터

체크포인트

● 한자와 특수문자를 입력해 봅니다.

● 문자와 숫자, 날짜 등 다양한 데이터를 입력해 봅니다.

● 자동 채우기 핸들로 연속 데이터를 입력해 봅니다.

한자와 특수문자의 입력하기

01 [B1] 셀에 '야생화 자수 신청자 현황'을 입력합니다. '신청자' 단어 뒤에 클릭한 후 한자를 누릅니다. [한글/한자 변환] 대화상자가 열리면 [한자 선택]에서 변환할 한자를 선택한 후 [입력 형태]를 지정한 후 [변환]을 클릭합니다.

> **Tip** 변환할 단어를 영역 지정하여 한자 변환 가능

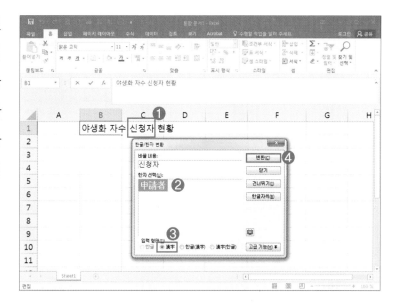

02 특수문자를 입력하기 위해 [B1] 셀의 제목 앞에 커서를 위치시킨 후 더블클릭합니다. [삽입] 탭의 [기호] 그룹에서 기호(Ω)를 클릭합니다.

> **Tip** 데이터를 수정할 때는 셀에서 더블클릭하거나 **F2**를 눌러서 수정하거나 수정할 셀에 클릭한 후 수식입력줄에서 수정한다.

03 [기호] 대화상자가 열리면 '글꼴'의 목록 단추(▼)를 클릭합니다.

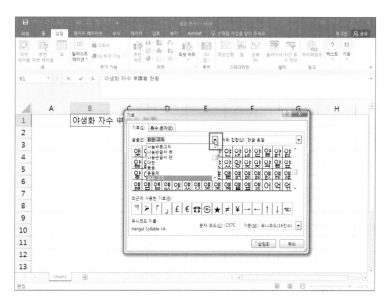

04 영문으로 'w'를 입력한 후 목록(▼)
을 눌러 'Wingdings'로 이동합니다.

> **Tip** [하위 집합]의 문자 목록을 선택하여 입력할
> 수 있습니다.

05 'Wingdings' 영역에서 원하는 기호
를 선택한 후 [삽입]을 클릭한 후 기
호가 삽입되었는지 확인한 후 [닫
기]를 클릭합니다.

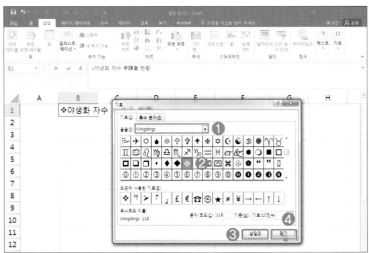

알아두기   자음과 한자 키로 특수문자 입력하기

한글 자음인 'ㅁ'을 입력한 후 [한자]를 누르면 기호 목
록이 나옵니다. 오른쪽 하단의 보기 변경(》) 단추
를 클릭하면 전체 기호가 펼쳐지며 기호를 클릭하
면 입력이 됩니다.

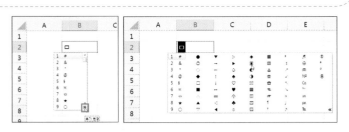

한글 자음에 해당하는 특수 문자

자음	구분	예	자음	구분	예
ㄱ	특수문자	! , . / : ; ? ^	ㅇ	원 숫자, 영어 원문자, 괄호문자	ⓐⓑⓒ①②(a)(b)
ㄴ	괄호	" ( ) [ ] { } 《 》	ㅈ	로마 숫자	ⅰ ⅱ ⅲ Ⅰ Ⅱ
ㄷ	수학기호	+ − 〈 = 〉 ∈	ㅊ	분수와 첨자	½ ⅓ ¼ ⅛ ^{12n}
ㄹ	단위	$ % ₩ ℃ ㎣	ㅋ	자모음	ㄱ ㄲ ㄳ ㄴ ㄵ ㅎ
ㅁ	도형	# & ※ ★ ○	ㅌ	고어	ㅥ ㅦ ㅄ ㅿ 뼝 ꥼ
ㅂ	괘선	─ ┌ ┤ ├ ┘	ㅍ	영문자	A B C D
ㅅ	한글 원문자, 괄호문자	㉠ ㉡ ㉢ (ㄱ) (ㄴ)	ㅎ	로마문자	Α Β Γ Δ Ε Θ Ω Φ

문자와 숫자 데이터 입력하기

01 [B3] 셀에 '신청번호'를 입력한 후 Tab을 눌러 셀을 이동한 후 이름, 지역, 연락처를 각 셀에 입력합니다. 입력이 끝나면 Enter를 누릅니다.

> **Tip** [B3:E3] 셀을 영역으로 지정한 후 데이터를 입력하고 Enter를 누르면 오른쪽 방향으로 이동합니다.

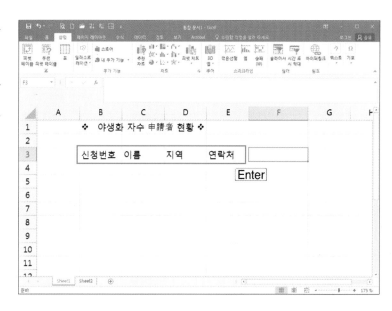

02 한 셀에 두 줄의 텍스트를 입력할 때는 Alt + Enter를 누릅니다. [F3] 셀에 '인증'을 입력하고 Alt + Enter를 누릅니다. 나머지 '번호'를 입력한 후 Enter를 누릅니다.

> **Tip** [홈] 그룹의 [맞춤] 그룹에서 [텍스트 줄 바꿈]을 클릭해도 됩니다.

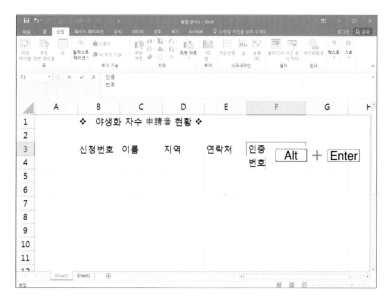

03 다음 시트의 내용을 입력해 봅니다.

> **Tip** B열 : 숫자 데이터
> C열, D열 : 문자 데이터
> E열, F열 : 숫자+문자 혼합 = 문자데이터

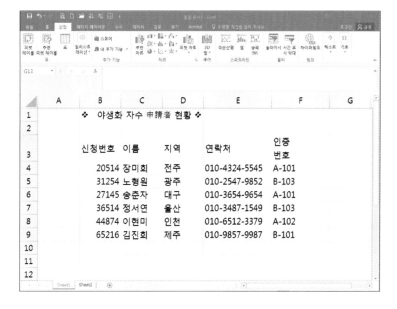

실습 03 날짜와 시간 데이터 입력하기

01 [G3] 셀에 '신청일'을 입력한 후 [G4] 셀에 2017-5-2를 입력하고 Enter 를 누릅니다. 나머지 날짜 데이터도 입력합니다.

> **Tip** 날짜 데이터 :
> '년/월/일' 또는 '년-월-일' 형식으로 입력

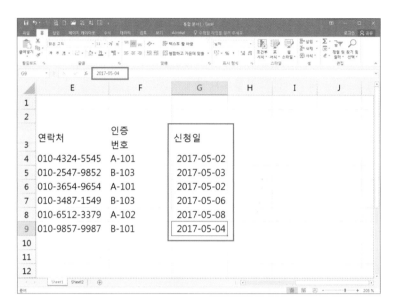

02 [H3] 셀에 '수강시간'을 입력한 후 [H4] 셀에 '13:30'을 입력하고 Enter 를 누릅니다. 나머지 시간 데이터도 입력합니다. 날짜와 시간 데이터는 오른쪽 맞춤이 됩니다.

> **Tip** 시간 데이터 :
> '시:분:초' 형식으로 입력

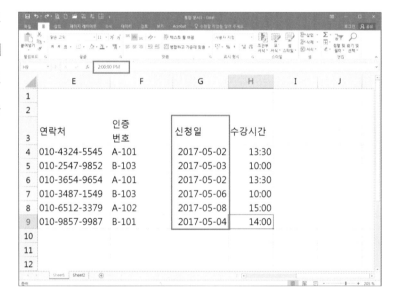

알아두기 | **날짜와 시간 데이터 형식**

날짜를 입력할 때에는 반드시 날짜 형식인 하이픈(-) 또는 슬래시(/)를 이용해서 입력합니다.

기본 데이터가 올바르게 입력되지 않으면 데이터 필터링과 데이터 관리할 때 원하는 자료를 추출하기 어렵습니다.

■ **날짜 시간 입력 단축 키**

컴퓨터 시스템 날짜 입력 : Ctrl + ; (세미콜론)

컴퓨터 시스템 시간 입력 : Ctrl + Shift +; (세미콜론)

자동 채우기 핸들로 입력하는 데이터

01 [A3] 셀에 '번호'를 입력한 후 [A4] 셀에 '1'을 입력합니다. [A4] 셀에 클릭한 후 오른쪽 하단의 자동 채우기 핸들(-╂) 위에 마우스를 올려 놓고 검정 '+' 모양일 때 [A9] 셀까지 아래로 드래그합니다.

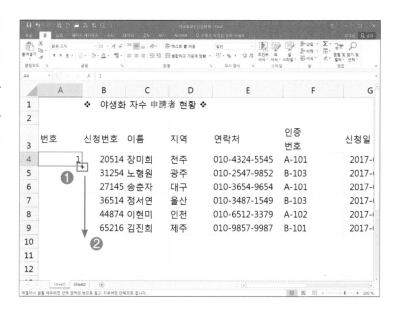

02 '1'이 [A9] 셀까지 복사됩니다. 연속된 숫자를 표시하려면 오른쪽 하단의 붙여넣기 옵션(🗗)을 클릭하여 '연속 데이터 채우기'를 클릭합니다.

> **Tip** Ctrl 을 누르고 채우기 핸들을 하면 1씩 자동으로 증가됩니다.

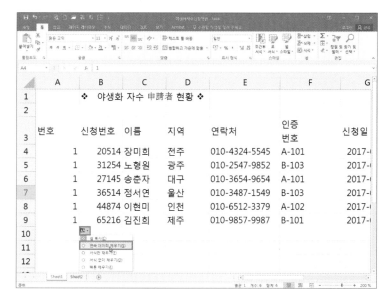

03 [H3] 셀에 '개강일'을 입력합니다. [H4] 셀에 '2017-6-1'을 입력한 후 연속된 날짜를 표시하기 위해 [H4] 셀의 오른쪽 하단의 자동 채우기 핸들(-╂) 위에 마우스를 올려 놓은 후 마우스 포인터가 검정 '+' 모양일 때 [H9] 셀까지 아래로 드래그합니다.

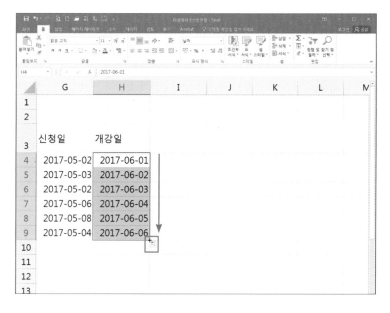

04 주말을 제외한 평일 날짜만 표시하기 위해 오른쪽 하단의 붙여넣기 옵션(📋)을 클릭하여 '평일 단위 채우기'를 클릭합니다.

> **Tip** 날짜는 붙여넣기 옵션을 이용해 '월 단위', '년 단위', '평일 단위', '일 단위'로 채우기가 가능합니다.

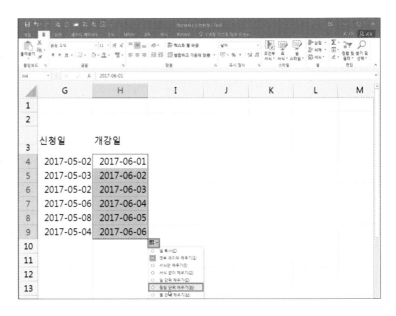

05 [I3] 셀에 '1차'를 입력합니다. [I3] 셀의 자동 채우기 핸들(🔽) 위에 마우스를 올려 놓은 후 마우스 포인터가 검정 '+' 모양일 때 [K3] 셀까지 오른쪽으로 드래그합니다.

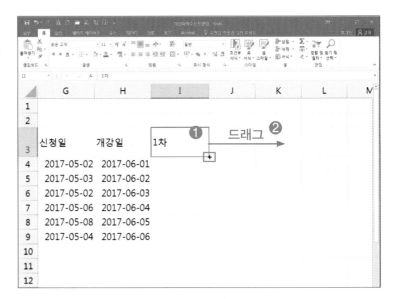

06 [I3:K3] 셀까지 숫자가 증가한 데이터가 입력되었습니다.

> **Tip** '문자+숫자'의 혼합 데이터를 채우기 핸들을 하면 문자는 복사되고 숫자는 증가됩니다.

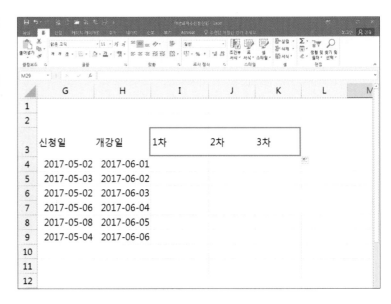

사용자 지정 목록 추가 삭제

① 자주 사용되는 데이터 목록은 [사용자 지정 목록]에 추가한 후 채우기 핸들로 입력할 수 있습니다.

② [파일] 탭의 [옵션]을 클릭합니다.

③ [고급] 탭의 [일반] 영역에서 [사용자 지정 목록 편집]을 클릭합니다. [사용자 지정 목록] 대화상자에서 [목록 항목]에 데이터를 입력한 후 [추가]를 클릭한 후 [확인]을 클릭합니다.

④ [B1] 셀에 '서울'을 입력한 후 자동 채우기 핸들을 합니다. 추가된 목록이 자동으로 입력됩니다.

다양한 숫자 입력

숫자 증가

숫자를 입력한 후 [Ctrl]을 누르고 채우기 핸들링으로 드래그를 하면 1씩 증가합니다.

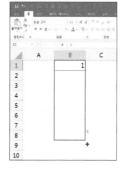
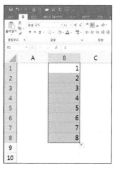

초기 값과 증분 값을 입력한 후 두 값을 블록지정한 후 채우기 핸들링 하면 증가분만큼씩 숫자가 입력됩니다.

연속된 숫자를 자동으로 한꺼번에 입력하기

[B1] 셀에 '3'을 입력한 후 [홈] 탭의 [편집]그룹에서 채우기( )를 클릭합니다. [연속 데이터] 대화상자에서 '방향 : 열', '단계 값 : 2', '종료 값 : 200'을 입력한 후 [확인]을 클릭합니다.

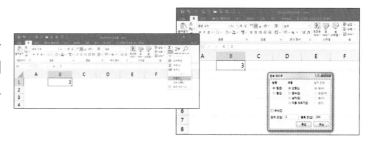

01 '엑셀 2016'을 실행한 후 다음과 같이 데이터를 입력하세요.

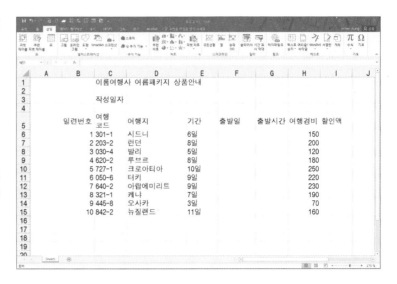

• 일련번호는 `Ctrl` 을 누르고 입력하거나 또는 1을 입력 한 후 채우기 핸들을 한 후 '붙여 넣기' 옵션에서 '연속 데이터 채우기'를 클릭

02 제목의 '상품'을 '商品' 한자로 변경하고 '작성일자' 앞에 '■' 기호를 삽입하세요.

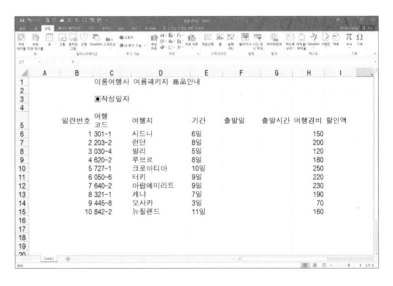

• 한자 : 단어가 연결되어진 경우 한자는 한자로 바꿀 영역을 드래그하여 [한자]
• 기호 : 'ㅁ' 자음을 입력한 후 [한자]

03 [D3] 셀에 작성일자를 단축 키를 이용하여 현재 날짜를 입력하세요. 파일명을 'Section2기초.xlsx'로 저장하세요.

• 현재 날짜 : `Ctrl` +;
• 현재 시간 : `Ctrl` + `Shift` +;

심화문제

❖ 완성파일 : 여행상품안내.xlsx

01 'Section2-심화.xlsx' 문서를 불러오세요. [F6] 셀에 '2017-1-1'을 입력한 후 채우기 핸들을 이용하여 '월 단위 채우기'를 한 후 [G6] 셀에 '출발시간'을 입력하세요.

> **힌트**
> • 한 번 사용한 문서는 '최근에 사용한 통합 문서 목록'에서 클릭하여 불러올 수 있어요.

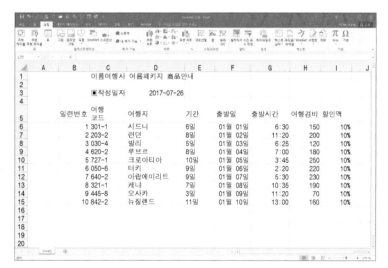

02 [I6] 셀에 할인액 '10%'를 입력한 후 채우기 핸들을 이용해 나머지 셀에 복사합니다. [D6] 셀의 여행지 목록을 '사용자 정의 목록'에 추가해 보세요.

> **힌트**
> • [파일]탭의 [옵션] – [고급] – [일반] – [사용자 지정 목록 편집]

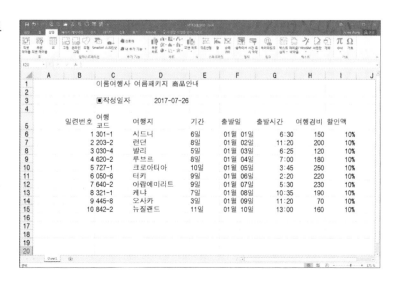

03 현재 파일을 '여행상품안내.xlsx'로 바탕화면에 저장하세요.

> **힌트**
> • [파일] 탭의 [다른 이름으로 저장]

03
SECTION

워크시트 편집과 관리

워크시트는 셀(Cell)이라는 작은 사각형이 모여 하나의 워크시트를 이룹니다. 엑셀의 모든 작업은 워크시트에서 이루어집니다. 워크시트의 편집 기능은 문서를 작성하는 기본 요소입니다. 워크시트의 행과 열의 삽입과 삭제, 셀의 영역지정과 편집, 워크시트의 삽입/삭제, 시트 이름을 편집할 수 있습니다.

PREVIEW

▲ 완성파일 : Section3-완성.xlsx

학습내용

실습 01 데이터 셀 영역 설정

실습 02 데이터 셀 영역 편집

실습 03 워크시트 행/열 삽입과 삭제

실습 04 워크시트 편집

체크포인트

● 셀 영역을 지정해 봅니다.

● 단축 키를 이용해 셀 영역을 지정해 봅니다.

● 데이터의 이동과 복사해 봅니다.

● 다양한 붙여넣기 옵션을 사용해 봅니다.

● 워크시트의 행과 열을 삽입하고 삭제해 봅니다.

● 워크시트를 삽입/삭제, 이름을 변경해 봅니다.

실습 01 데이터 셀 영역 설정

▼ 준비파일 : Section3.xlsx

01 'Section3.xlsx' 파일을 엽니다. [B4] 셀을 클릭한 후 [C10] 셀까지 대각선 방향으로 드래그합니다.

> **Tip** 연속된 영역을 지정할 경우
>
> 영역의 첫 번째 셀을 클릭한 후 Shift 를 누른 채 마지막 셀을 클릭

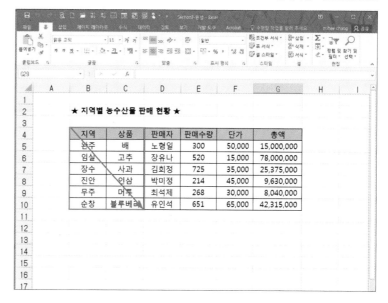

02 비연속적인 셀을 지정할 때에는 Ctrl 을 사용합니다. [B4:B10] 셀까지 마우스로 드래그합니다. Ctrl 을 누른 상태에서 [D4:D10] 셀을 드래그하고 [F4:F10] 셀까지 영역을 드래그합니다.

> **Tip** • Shift + F8 을 누른 후 범위를 지정하면 Ctrl 을 계속 누르고 있지 않아도 됩니다.
>
> • 해제시 Shift + F8

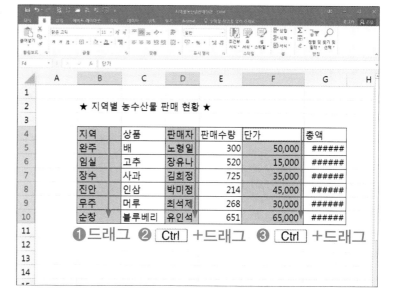

03 워크시트 전체를 영역 설정하려면 [1] 행과 [A] 열이 만나는 ◢를 클릭합니다.

> **Tip** 선택 해제를 하려면 워크시트의 임의의 셀을 클릭합니다.

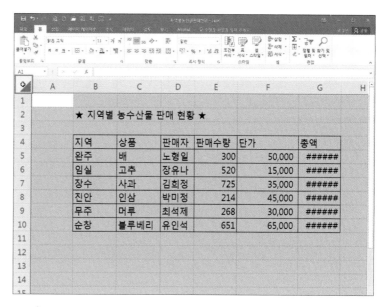

04 [C] 열의 머리글을 클릭하면 [C] 열
이 모두 선택됩니다.

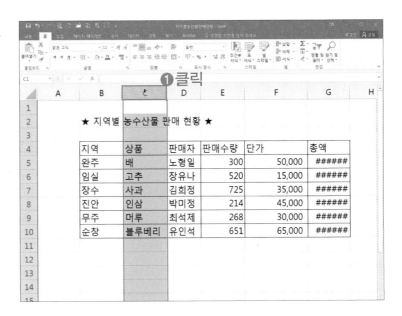

05 [C] 열의 머리글을 클릭한 후 [E]
열 머리글까지 드래그합니다.
Ctrl 을 누른 상태에서 [G] 열의
머리글을 클릭합니다. Ctrl 을 사
용하면 비연속적인 범위 설정이 지
정됩니다.

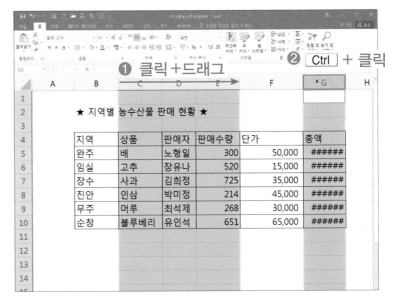

06 [4] 행의 행 머리글을 클릭한 후 [7]
행의 머리글까지 드래그합니다. 여
러 행이 한꺼번에 영역 지정됩니다.

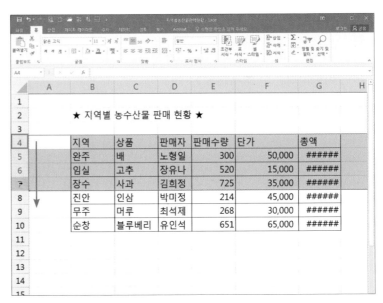

07 [C4] 셀을 클릭한 후 `Ctrl` + `Shift` + `↓`를 누릅니다. 첫 번째 셀부터 마지막 데이터까지 한꺼번에 영역 설정이 됩니다.

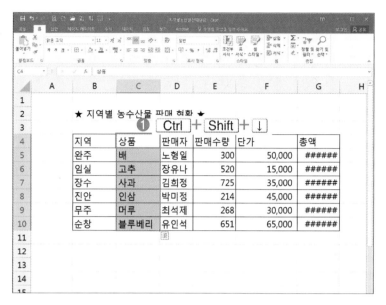

08 [C4] 셀을 클릭한 후 `Ctrl` + `Shift` + `↓` + `→`를 누릅니다. 오른쪽 데이터 영역까지 범위설정이 됩니다.

`Tip` [B4:G10] 셀까지의 영역을 모두 선택하는 방법은 셀 안에 클릭한 후
`Ctrl` + `A` 또는 `Ctrl` + `*`

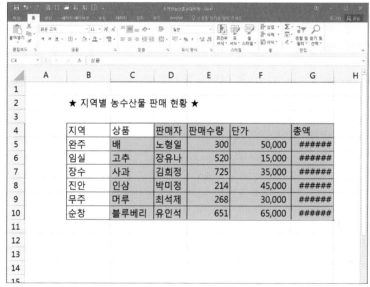

알아두기	**엑셀에서 알아두면 편리한 셀 단축키**

`Ctrl` + `Home`	A1셀로 바로 이동	`Ctrl` + `Shift` + `←` , `→`, `↑`, `↓`	선택한 셀을 기준으로 범위 설정
`Ctrl` + `End`	마지막 데이터 셀로 이동	`Alt` + `Enter`	한 셀에 두 줄입력
`Ctrl` + `1`	셀 서식	`Ctrl` + `Enter`	범위의 동일내용 입력
`F2`	셀 내용 편집	`Ctrl` + `~`	셀의 수식내용보기
`F4`	마지막 작업 반복, 주소형식변환	`Ctrl` + `A` , `Ctrl` + `*` , `Ctrl` + `Shift` + `Space Bar`	데이터 영역 모두 선택
`Shift` + `F8`	비연속적 범위 설정/해제		

실습 02 · 데이터 셀 영역 편집

01 '지역농산물판매현황' 파일을 엽니다. [B4:G4] 셀까지 범위를 지정한 후 [홈] 탭의 [클립보드] 그룹에서 복사하기(📑)를 클릭합니다.

> **Tip** 복사하기 : Ctrl + C

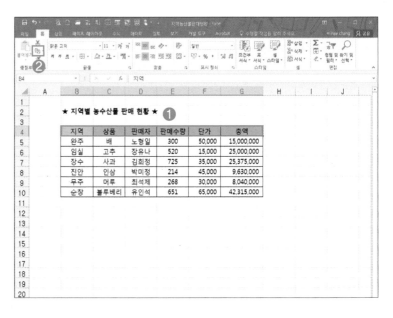

02 [B13] 셀을 클릭한 후 [홈] 탭의 [클립보드] 그룹에서 붙여넣기(📋)를 클릭합니다. 데이터가 복사되었습니다.

> **Tip** 붙여넣기 : Ctrl + V

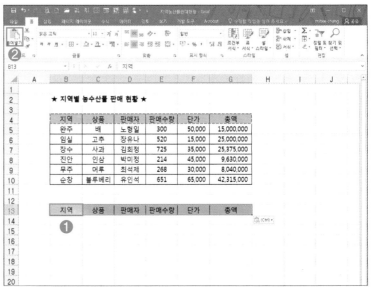

03 [B5:D10] 셀까지 범위를 지정한 후 [홈] 탭의 [클립보드] 그룹에서 잘라내기(✂)를 클릭합니다.

> **Tip** 잘라내기 : Ctrl + X

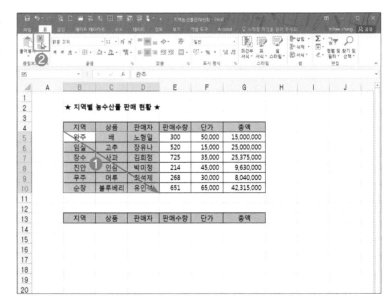

04 [B14] 셀을 클릭한 후 [홈] 탭의 [클립보드] 그룹에서 붙여넣기(📋)를 클릭합니다. 데이터가 이동되었습니다. [G5:G10] 셀까지 범위를 지정한 후 Ctrl + C 를 누릅니다.

> **Tip** 붙여넣기 : Ctrl + V
> 복사하기 : Ctrl + C

05 [G14] 셀을 클릭한 후 마우스 오른쪽 단추를 누른 후 [붙여넣기 옵션]의 값(📋)을 클릭합니다. 수식을 제외한 '값'만 복사됩니다. Ctrl + Z 를 눌러 실행을 취소하여 이전 상태로 되돌리기 합니다.

> **Tip** 되돌리기 : Ctrl + Z
> 다시실행 : Ctrl + Y

알아두기 | **선택하여 붙여넣기 옵션**

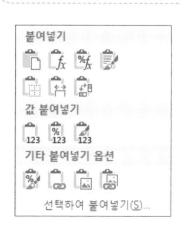

- **붙여넣기**: 복사한 데이터의 셀의 모든 내용과 서식, 값, 서식, 메모, 열 너비, 행/열바꿈 등 사용자가 원하는 항목으로 붙여넣을 수 있습니다.

- **값 붙여넣기**: 값, 수식 및 숫자 서식, 값 및 숫자 서식 등을 붙여넣기 할 수 있습니다.

- **기타 붙여넣기**: 서식, 연결하여 붙여넣기, 그림, 연결된 그림 등을 붙여넣기 할 수 있습니다.

- **기타 붙여넣기**: 연 산기능을 포함한 [선택하여 붙여넣기]의 대화상자가 활성화됩니다.

01 [C] 열 머리글을 클릭한 후 마우스 오른쪽 버튼을 누릅니다. [삽입]을 클릭합니다.

> **Tip** [홈] 탭의 [셀] 그룹에서 삽입(🔲)

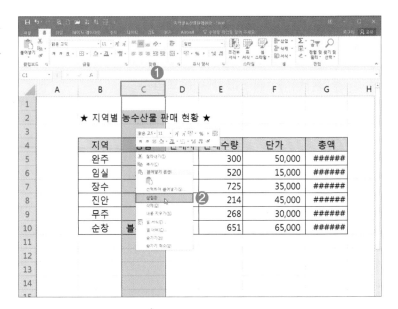

02 열 삽입을 하면 우측에 '붙여넣기 옵션'이 나옵니다. [오른쪽과 같은 서식]을 선택 합니다.

> **Tip** '붙여넣기 옵션'이 생성되지 않으면 [파일]-[옵션]-[고급]-[잘라내기/복사/붙여넣기] 영역에서 '삽입 옵션 단추 표시(H)'에 체크하세요.
>
>

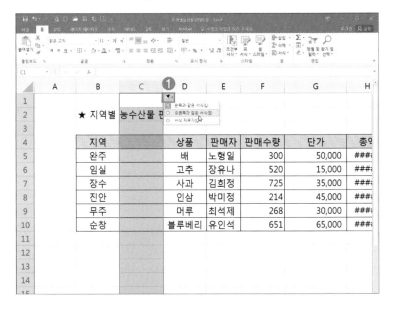

03 [C] 열을 클릭한 후 마우스 오른쪽 버튼을 누릅니다. [삭제]를 클릭합니다. [C] 열이 삭제됩니다.

> **Tip** [홈] 탭의 [셀] 그룹에서 삭제(🔲)

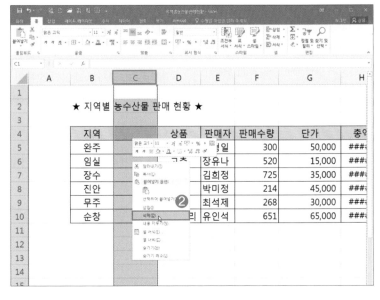

04 열 너비 조정을 위해 [B]열 머리글과 [C] 열 머리글 사이에 마우스를 올려 놓으면 마우스 포인터가 '✛' 모양이 될 때 오른쪽으로 드래그합니다.

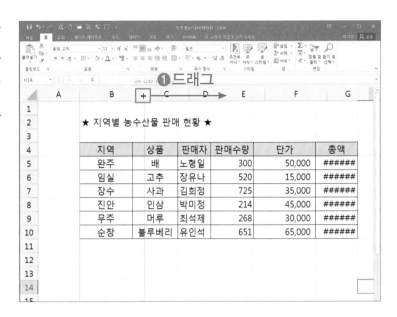

05 여러 열의 너비를 조정하려면 [C] 열 머리글과 [D] 열 머리글을 한꺼번에 범위 설정한 후 마우스 포인터가 '✛' 모양이 될 때 오른쪽으로 드래그합니다.

> **Tip** [G] 열은 숫자가 입력된 경우 셀의 너비가 좁으면 '#####'으로 표시됩니다.
> [G] 열 머리글과 [H] 열 머리글 사이에 마우스를 올려 놓고 ' ✛ '상태에서 더블클릭하면 가장 긴 글자에 맞춰 너비가 조절됩니다.

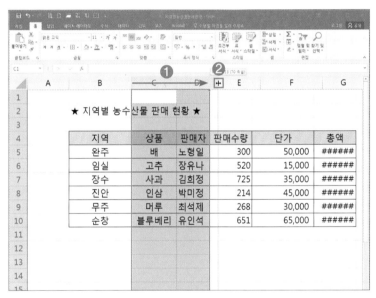

06 [5] 행 머리글을 클릭한 후 [10] 행 머리글까지 드래그합니다. [홈] 탭의 [셀] 그룹에서 서식( )을 클릭한 후 행 높이( )를 클릭합니다.

> **Tip** 마우스 오른쪽 단추에서 [행 높이]

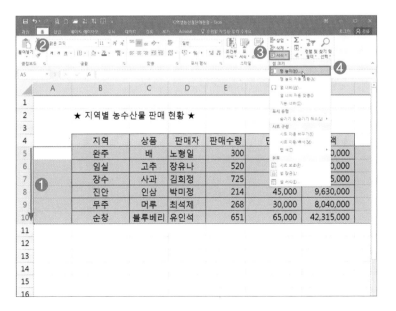

07 [행 높이] 대화상자에 '25'를 입력한
후 [확인]을 클릭합니다.

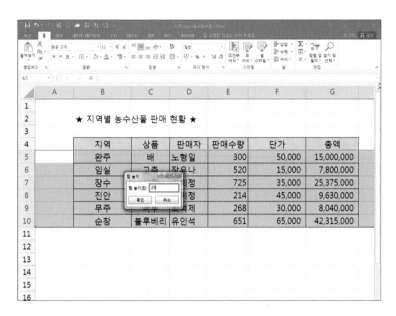

08 영역 설정한 행 높이가 모두 조절되
었습니다.

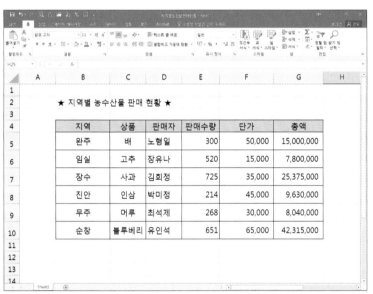

09 행을 숨기기 위해 [6] 행의 머리글
을 클릭합니다. 마우스 오른쪽 버튼
을 누른 후 [숨기기]를 클릭합니다.

10 [6] 행이 숨겨진 상태에서 다시 [6] 행을 숨기기 취소하려면 [6] 행의 위아래 행을 범위 설정합니다. 마우스 오른쪽 단추를 누른 후 [숨기기 취소]를 클릭합니다.

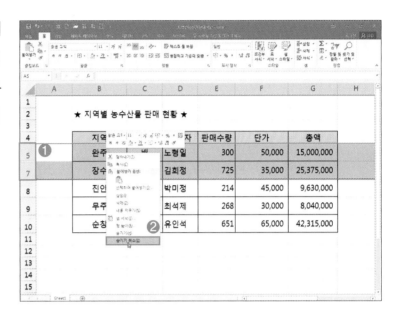

알아두기 | **선택하여 붙여넣기 옵션**

여러 행 또는 여러 열을 삽입하려면 삽입하려는 수 만큼 영역을 지정합니다.

데이터가 있는 셀 이외의 모든 행과 열 숨기기

[H] 열 클릭 – Ctrl + Shift + → – 마우스 오른쪽 단추의 [숨기기]
[11] 행 클릭 – Ctrl + Shift + ↓ – 마우스 오른쪽 단추의 [숨기기]

모든 행과 열 숨기기 취소

모든 셀 선택을 한후 임의의 행이나 열에서 마우스 오른쪽 단추의 [숨기기 취소]를 합니다.

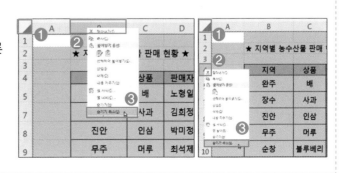

039

워크시트 편집

01 워크시트를 삽입하려면 시트 탭의 ⊕를 클릭합니다. 'Sheet2'가 삽입됩니다.

> **Tip** 새 문서의 시트 수를 조절할 수 있습니다.
> [파일]–[옵션]–[일반]–[새 통합문서 만들기]–[포함할 시트 수]

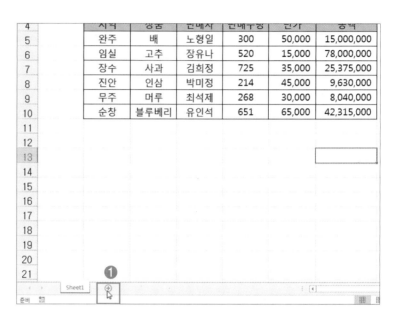

지역	상품	판매자	판매수량	단가	총액
완주	배	노형일	300	50,000	15,000,000
임실	고추	장유나	520	15,000	78,000,000
장수	사과	김희정	725	35,000	25,375,000
진안	인삼	박미정	214	45,000	9,630,000
무주	머루	최석제	268	30,000	8,040,000
순창	블루베리	유인석	651	65,000	42,315,000

02 시트의 이름을 바꾸기 위해 'Sheet1' 시트 탭에서 마우스 오른쪽 단추를 누른 후 [이름 바꾸기]를 선택합니다.

> **Tip** Sheet 위에서 더블클릭하면 이름을 쉽게 변경할 수 있습니다.

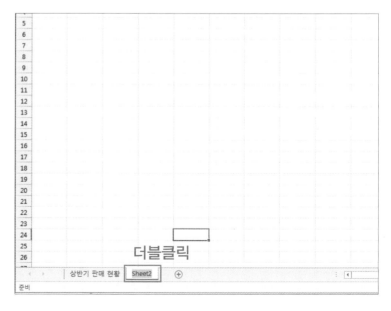

03 '상반기 판매 현황'을 입력한 후 Enter를 누릅니다. 'Sheet2' 시트 탭 위에서 더블클릭을 합니다. '하반기 판매 현황'으로 입력하여 시트 이름을 변경합니다.

더블클릭

04 '하반기 판매 현황' 시트 탭을 '상반
기 판매 현황' 시트 앞쪽으로 드래
그하여 위치를 이동합니다.

> **Tip** [Ctrl]을 누르고 시트 탭을 드래그하면 시
> 트 탭을 복사할 수 있습니다.

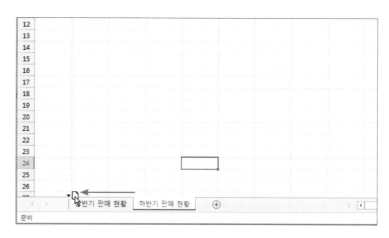

05 '하반기 판매 현황' 시트 탭 위에서
마우스 오른쪽 단추를 누른 후 [삭
제]를 클릭합니다.

> **Tip** 여러 시트를 한꺼번에 삭제하려면 [Shift]를
> 누른 후 삭제할 시트를 클릭하세요. 시트에
> 데이터가 있는 경우에는 모든 시트는 복구가
> 되지 않습니다.

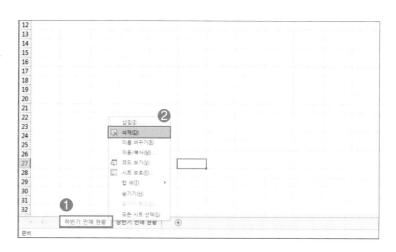

알아두기 | **선택하여 붙여넣기 옵션**

통합문서에 여러개의 시트가 있는 경우 원하는 시트만을 골라 다른 통합문서에 시트를 이동/복사할 수가 있습니다.

① 이동/복사할 시트위에서 마우스 오른쪽 단추의 [이동/복사]를 선택합니다.

② [이동/복사] 대화상자에서 '대상 통합 문서'의 목록 단추를 눌러 '(새 통합 문서)'를 선택합니다. 미리 열어둔 통합 문서
를 선택할 수도 있습니다.

③ '복사본 만들기'에 체크한 후 [확인]을 클릭합니다.

❖ 완성파일 : Section3-기초1-완성.xlsx, Section3-기초2-완성.xlsx

01 'Section3-기초.xlsx' 파일을 열고 다음 조건대로 작성하세요.

조건

① 제목에 특수문자를 삽입하고 '현황'을 한자로 변경하시오.

② A열의 열 너비를 '2'로 조절하시오.

③ [B열:F열]의 열 너비를 '10'로 조절하시오.

④ 4행 ~ 10행 행 너비를 '20'으로 조절하시오.

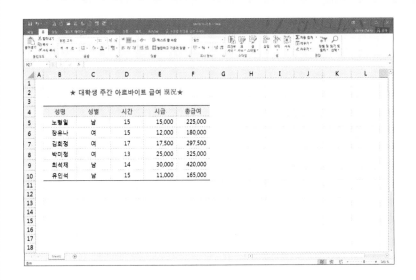

02 기초 1번 문제에 이어 다음 조건대로 작성하세요.

조건

① 남학생들의 '성명, 시간'을 필드명을 포함하여 복사하여 [H5] 셀에 '원본 열 너비 유지'하여 붙여넣기하세요.

② '총급여'를 복사하여 [J5:J8] 셀 영역에 '값'만 붙여 넣기하세요.

③ 시트의 이름을 '주간급여표'로 이름을 변경하세요.

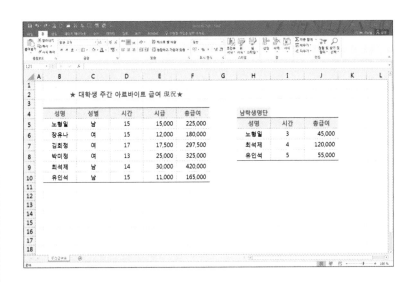

힌트

• [B4:B5] 영역을 드래그 한 후 Ctrl 을 누르고 [B9:B10], [D4:D5], [D9:D10] 영역을 드래그하여 복사한 후 'H5'를 클릭한 후 마우스 오른쪽 단추의 [선택하여 붙여넣기] – [원본 열 너비 유지]를 클릭

• [F4:F5], [F9:F10]을 드래그하여 복사한 후 [J5]를 클릭한 후 마우스 오른쪽 단추의 '붙여넣기 옵션 – 값' 클릭

• [Sheet1] 워크시트 위에서 마우스 더블클릭한 후 시트명 변경

심화문제

❖ 완성파일 : Section3-심화1-완성.xlsx, Section3-심화2-완성.xlsx

01 'Section03-심화.xlsx' 열고 다음 조건대로 작성하세요.

 조건

① [J열]을 삭제하세요.

② '경진대회명단' 시트를 복사한 후 '최종점수표'로 시트명 변경하세요.

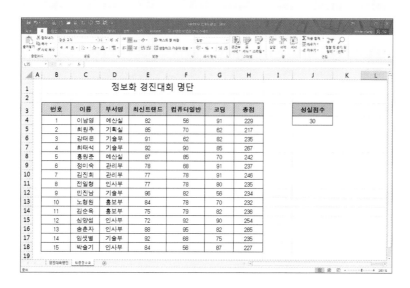

02 심화 1번 문제에 이어 다음 조건대로 작성하세요.

조건

① [H4:H18] 영역을 복사한 후 [H4:H18] 영역에 '값'으로 붙여넣기하세요.

② [J4]의 성실점수를 복사하여 총점을 [H4:H18] 영역에 더하기 연산으로 업데이트하세요.

③ [J]열 숨기기하세요.

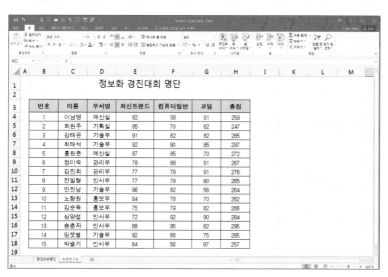

힌트 ▷

• [H4:H18] 영역을 드래그한 후 복사한 후 [H4:H18] 영역 범위가 설정된 상태에서 마우스 오른쪽 단추의 [붙여넣기] 옵션 - [값] 클릭

• [J4] 셀을 복사하고 [H4:H18] 영역 범위를 설정한 후 마우스 오른쪽 단추의 [선택하여 붙여넣기 옵션] 대화상자에서 [연산] - [더하기] 클릭

• [J] 열을 클릭한 후 마우스 오른쪽 단추의 [숨기기]

04
SECTION

셀 서식으로 꾸미는 문서

엑셀에서 제공하는 다양한 글꼴 서식과 맞춤 서식등을 사용자가 직접 지정하여 가독성이 높은 문서를 디자인할 수 있습니다. 워크시트에 입력한 숫자, 문자, 날짜, 시간 데이터는 데이터의 관리와 분석 내용에 따라 사용자가 원하는 형식대로 표시할 수 있습니다.

PREVIEW

▲ 완성파일 : Section04-완성.xlsx

학습내용

실습 01 글꼴과 맞춤 서식 꾸미기

실습 02 테두리와 맞춤 서식

실습 03 데이터 표시 형식 지정하기

체크포인트

● [홈] 탭의 [글꼴]과 [맞춤] 그룹의 기능으로 서식을 지정해 봅니다.

● [홈] 탭의 [표시형식] 그룹의 기능으로 다양한 데이터의 형식을 지정합니다.

● [홈] 탭의 [클립보드]의 '그림으로 붙여넣기 옵션'을 활용해봅니다.

실습 01 글꼴과 맞춤 서식 꾸미기

▼ 준비파일 : Section4.xlsx

01 "Section04.xlsx" 파일을 불러와 제목의 글꼴 서식을 바꾸기 위해 [B2] 셀을 클릭합니다. [홈] 탭의 [글꼴] 그룹에서 [글꼴]의 목록단추(▾)를 클릭하여 'HY헤드라인M'을 클릭합니다.

Tip 직접 입력하여 설정이 가능하며, 마우스를 글꼴위에 올려놓으면 실시간 미리보기가 가능합니다.

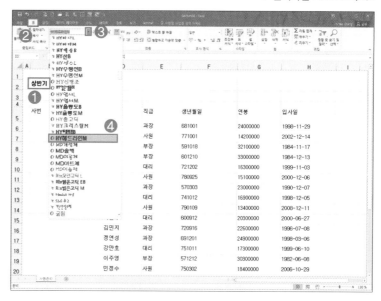

02 [홈] 탭의 [글꼴] 그룹에서 [글꼴 크기]의 목록단추(▾)를 클릭하여 '20'을 선택하고 '진하게, 기울임'을 클릭합니다.

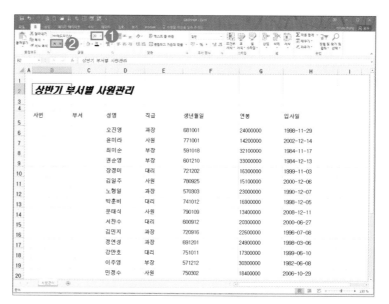

03 셀의 색은 [홈] 탭의 [글꼴] 그룹에서 채우기 색(🖌)의 목록단추(▾)를 클릭하여 '테마 색 : 녹색, 강조 6, 60% 더 밝게'를 클릭합니다.

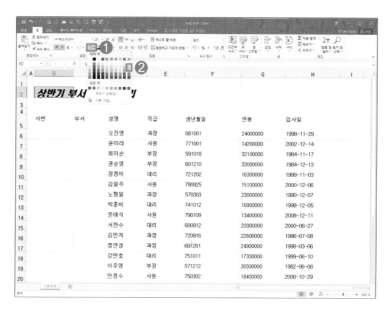

045

04 글꼴 색은 [홈] 탭의 [글꼴] 그룹에서 글꼴 색(<u>가</u>)의 목록단추(▾)를 클릭하여 '테마 색 : 녹색, 강조6, 60% 더 어둡게'를 클릭합니다.

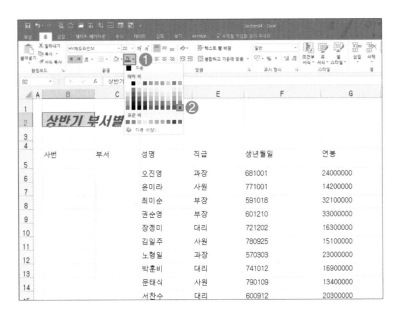

05 제목의 여러 셀을 합치기 위해 [B2:E2] 셀까지 영역을 설정한 후 [홈] 탭의 [맞춤] 그룹에서 병합하고 가운데 맞춤(🈤)을 클릭합니다.

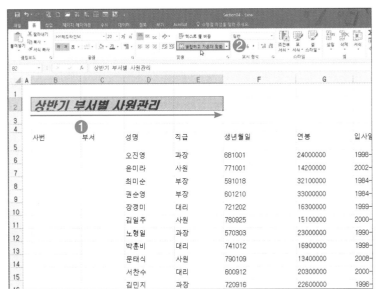

알아두기   사용자 정의 색 지정하기

테마 색과 표준 색 외의 사용자가 지정하여 색을 선택하는 경우 ⬤ 다른 색(M)을 클릭합니다.

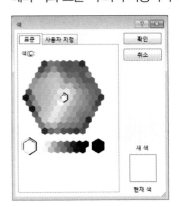

06 [2] 행과 [3] 행사이에 마우스를 올려놓고 행 높이를 넓게 조절합니다. 셀의 높이가 높아지면서 제목 텍스트가 위쪽과 왼쪽으로 정렬되어 있습니다. [홈] 탭의 [맞춤] 그룹에서 중앙 맞춤(≡)과 가운데 맞춤(≡)을 클릭합니다.

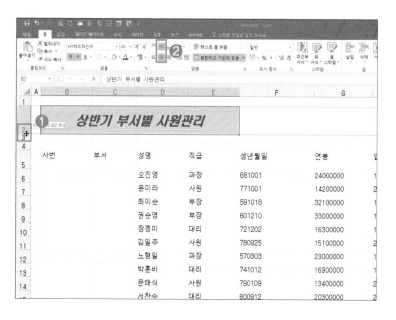

07 [B5] 셀에 'A001'을 입력한 후 채우기 핸들을 [B23] 셀까지 드래그합니다. 붙여넣기 옵션(⊞)에서 [연속 데이터 채우기]를 클릭합니다. 문자는 복사되고 숫자는 증가되어 일련번호가 채워집니다.

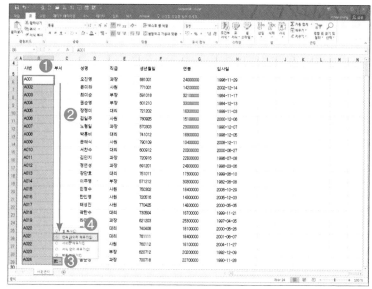

08 [C5:C10] 셀을 영역 설정한 후 [홈] 탭의 [맞춤] 그룹에서 병합하고 가운데 맞춤(⊞)을 클릭합니다. 셀이 병합되면 첫 셀주소를 갖게 됩니다. 셀 주소는 첫 셀 값인 'C5'가 됩니다.

> **Tip** 셀에 데이터가 있는 상태에서 병합이 되면 '왼쪽 위'데이터만 남고 나머지는 지워집니다.

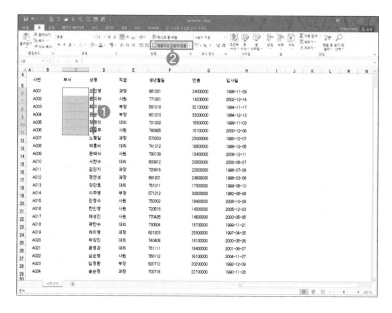

08 병합된 셀의 크기가 동일함으로 [C5] 셀을 클릭한 후 자동 채우기 핸들을 [C29] 셀까지 드래그합니다. [C5:C29] 영역의 병합된 셀에 '교육', '기획관리', '영업', '홍보'를 차례대로 입력합니다.

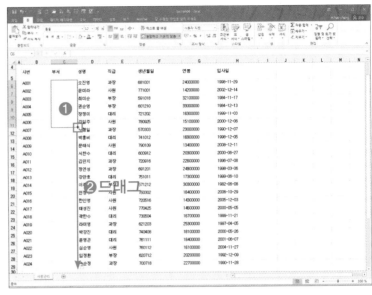

09 표 안의 데이터를 정렬하기 위해 [B4:H29] 셀을 영역 설정한 후 [홈] 탭의 [맞춤] 그룹에서 중앙 맞춤 (≡)과 가운데 맞춤(≡)을 클릭합니다. 'G5:G29'영역은 숫자이므로 다시 드래그하여 영역 설정한 후 오른쪽 정렬(≡)을 합니다.

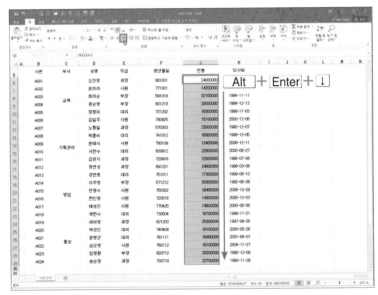

알아두기 | **병합하고 가운데 맞춤**

셀 병합의 목록 단추의 '전체 병합'
범위로 지정한 셀들을 행 단위로 병합합니다.

셀 크기가 다른 경우 셀 병합
셀의 크기가 다른 경우 Ctrl 을 이용해 셀이 병합될 범위만큼 여러 번 영역설정한 후 '셀 병합'을 클릭하면 셀 범위가 달라도 한꺼번에 병합할 수 있습니다.

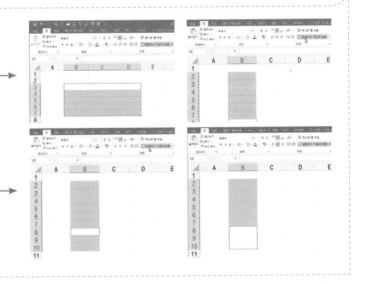

실습 02 테두리와 맞춤 서식

01 테두리를 지정하기 위해 [B4:H29] 셀의 영역을 드래그합니다. [홈] 탭의 [글꼴] 그룹에서 [테두리]의 목록 상자(▼)를 클릭한 후 '바깥쪽 테두리 ⊞'를 클릭합니다.

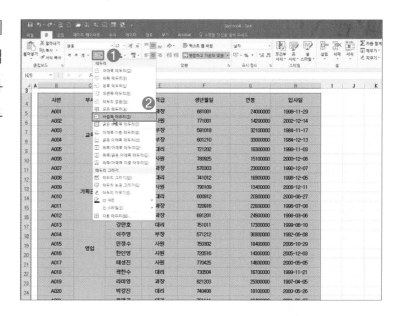

02 안쪽 테두리 설정을 다시 하기 위해 [홈] 탭의 [글꼴] 그룹에서 [테두리] 의 목록상자(▼)를 클릭하여 ⊞ 다른 테두리(M)를 클릭합니다. [테두리] 탭에서 '스타일(S)'을 '점선'을 선택하고 '색(C)'은 '회색'을 선택합니다. '미리 설정'의 '안쪽(I)'을 클릭합니다.

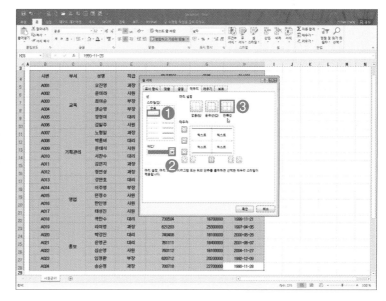

03 [테두리] 탭에서 '스타일(S)'을 '없음' 을 선택하고 '테두리'의 왼쪽(▯)과 오른쪽(▯)을 클릭한 후 [확인]을 누릅니다. 전체 영역의 왼쪽과 오른쪽 테두리를 투명으로 설정합니다.

> **Tip** 미리보기 창에 마우스로 직접 클릭하여 설정 가능합니다.

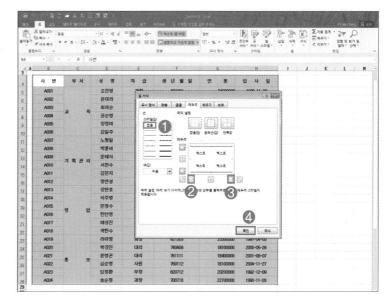

04 제목 행을 셀에 맞춤을 설정하기 위해 [B4:H4] 셀의 영역을 드래그합니다. [홈] 탭의 [맞춤] 그룹에서 자세히( ) 단추를 누릅니다. [셀 서식] 대화상자의 [맞춤] 탭의 '텍스트 맞춤'의 '가로(H)'에서 '균등분할(들여쓰기)'를 선택하고 '들여쓰기(I)'를 '1'로 설정합니다.

> Tip 셀 서식은 마우스 오른쪽 단추를 누른 후 '셀 서식'을 클릭하거나 Ctrl + 1 을 누릅니다.

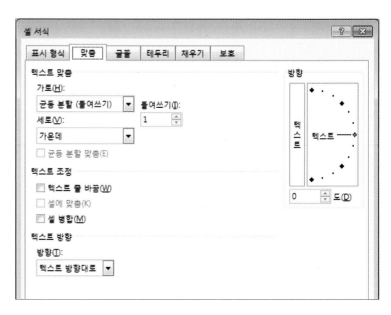

05 부서 영역도 맞춤 정렬을 하기 위해 [C5:C23] 셀을 영역 설정한 후 [홈] 탭의 [맞춤] 그룹에서 자세히( ) 단추를 누릅니다. [셀 서식] 대화상자의 [맞춤] 탭의 '텍스트 맞춤'의 '가로(H)'에서 '균등분할(들여쓰기)'를 선택한 후 [확인]을 누릅니다.

> Tip '균등분할'은 셀의 너비에 맞춰 텍스트 길이가 자간을 조절하여 좌우로 균등정렬이 됩니다.

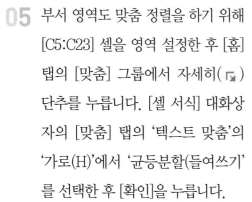

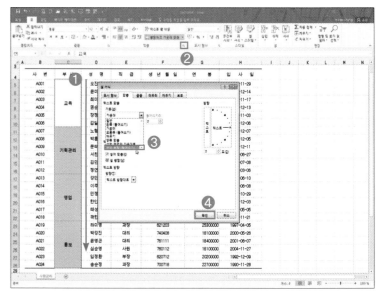

06 '제목 행'과 '기획관리'부서와 '홍보'부서 행의 셀에 채우기 색을 설정합니다. [B4:H4] 셀까지 드래그한 후 Ctrl 을 누른 후 [B11:H16], [B23:H28] 셀까지 영역 설정을 합니다. [홈] 탭의 [글꼴] 그룹에서 채우기 색( )의 목록단추( ) 클릭하여 '테마 색 : 녹색, 강조6, 60% 더 밝게'를 클릭합니다.

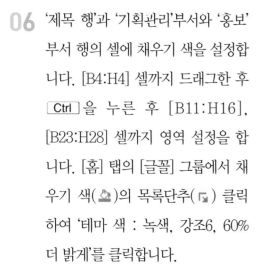

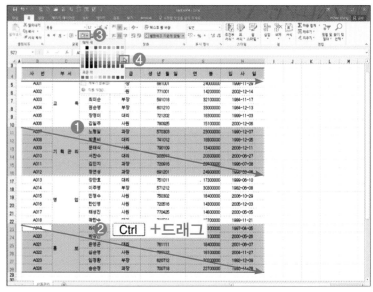

알아두기 　 그림으로 붙여넣기와 연결하여 붙여 넣기

엑셀은 행과 열의 너비를 조절하면 모든 행과 열이 같이 조절이 됩니다. 따라서 행과 너비가 다른 경우에는 이미지로 만들어 배치하거나 다른 시트영역의 원본을 연결하여 이미지로 만듭니다.

이미지로 만드는 결재란

① 문서의 상단의 결재란을 만들기 위해 본문의 행과 열의 너비에 영향을 받지 않는 셀에 내용을 입력합니다.

② [J30:M31] 셀까지 결재란 영역을 드래그한 후 [Ctrl]+[C]를 눌러 복사합니다.

③ [홈] 탭의 [클립보드] 그룹의 [붙여넣기]에서 [그림으로 붙여넣기]를 클릭합니다.

④ 원본 위에 겹쳐있는 복사본을 상단으로 드래그하여 크기와 위치를 조절합니다.

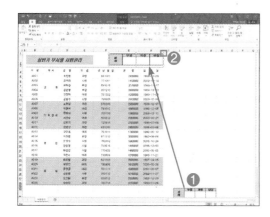

원본을 연결하여 이미지로 결재란 만들기

① 원본을 드래그한 후 [Ctrl]+[C]를 눌러 복사합니다.

② [홈] 탭의 [클립보드] 그룹의 [붙여넣기]에서 [연결된 그림으로 붙여넣기]를 합니다.

③ 원본의 내용이 수정되면 붙여넣기한 그림의 내용도 수정이 됩니다.

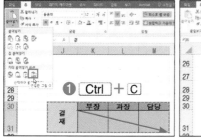 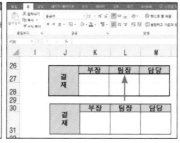

데이터 표시 형식 지정하기

01 부서명 뒤에 '팀' 자를 추가하기 위해 [C5:C23] 영역을 드래그한 후 [홈] 탭의 [표시 형식] 그룹에서 자세히(⌐)를 누릅니다. [셀 서식] 대화상자의 [표시 형식] 탭의 '범주'에서 '사용자 지정'을 클릭한 후 '형식'의 입력란에 '@"팀"'을 입력합니다. 부서명 뒤에 '팀'이라는 텍스트가 추가됩니다.

> **Tip** 입력한 문자 데이터의 코드로 '@'를 사용합니다.

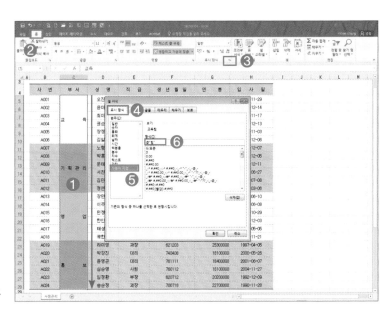

02 숫자로 입력된 생년월일을 '년-월-일'의 표시형식으로 표시하기 위해 [F5:F28] 영역을 드래그한 후 [홈] 탭의 [표시형식] 그룹에서 자세히(⌐)를 누릅니다. [셀 서식] 대화상자의 [표시 형식] 탭의 '범주'에서 [사용자 지정]을 클릭한 후 '형식(T)'입력란에 '00-00-00'을 입력합니다.

> **Tip** 0 : 하나의 숫자 자릿수를 표시, 해당 자리에 숫자 값이 없을 경우 '0'으로 표시하는 코드로 숫자형식으로 날짜형식처럼 변경해 봅니다. 전화번호, 사업자번호 등에 활용할 수 있습니다.

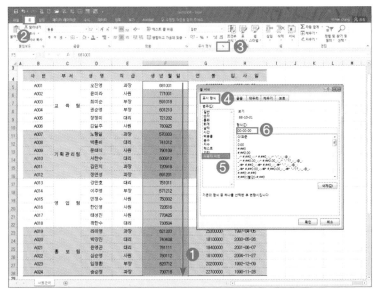

03 숫사만 입력된 '연봉' 영역에 세 자리마다 ','를 찍고 숫자 뒤에 '원' 단위를 표시하기 위해 [G5:G28] 셀까지 영역을 설정한 후 [홈] 탭의 [표시형식] 그룹에서 자세히(⌐)를 누릅니다. [셀 서식] 대화상자의 [표시 형식] 탭의 '범주'에서 [사용자 지정]을 클릭한 후 '형식(T)'에서 [#,##0]을 선택한 후 그 뒤에 "원"을 입력합니다.

> **Tip** # : 하나의 숫자 자릿수를 표시, 해당 자리에 숫자 값이 없을 경우 빈자리로 표시하는 코드.

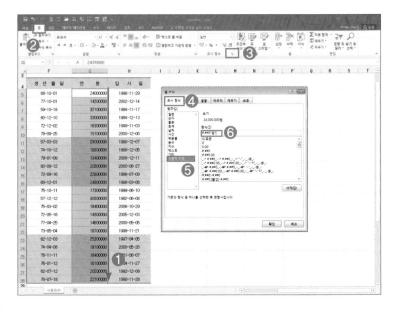

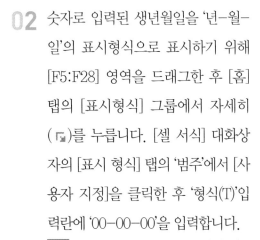

04 입사일의 날짜 형식을 '월–일(요일)' 형식으로 표시하기 위해 'H5:H28' 영역을 드래그한 후 [홈] 탭의 [표시 형식] 그룹에서 자세히(▫)를 누릅니다. [셀 서식] 대화상자의 [표시형식] 탭의 '범주'에서 [사용자 지정]을 클릭한 후 '형식(T)'입력란에 'mm–dd(aaa)'을 입력합니다.

알아두기   표시 형식 그룹과 날짜 서식 코드

❶ 표시형식 : 현재 선택된 셀에 적용된 표시되거나 자주 사용하는 서식 표시
❷ 회계 스타일 : 셀에 원화, 엔화, 위안화 등 통화 스타일 표시
❸ 백분율 스타일 : 백분율(%) 형태로 표시
❹ 쉼표 스타일 : 입력된 값에 천 단위 구분 기호인 쉼표(,) 표시
❺ 자릿수 늘림/ 줄임 : 소수 자릿수를 늘리거나 줄임

■ 날짜 데이터 서식 코드

yy	연도를 두 자리 표시	m	월을 1∼12 형태로 표시	d	일을 1∼31 형태로 표시
yyyy	연도를 네 자리 표시	mm	월을 01∼12 형태로 표시	dd	일을 01∼31 형태로 표시
aaa	요일을 일∼토 한 자리로 표시	mmm	월을 Jan∼Dec 형태로 표시	ddd	월을 Sun∼Sat 형태로 표시
aaaa	월요일∼토요일 세 자리 요일로 표시	mmmm	월을 January 형태로 표시	dddd	일을 Sunday 형태로 표시
–	–	mmmmm	월을 J∼D 형태로 표시	–	–

■ 시간 데이터 서식 코드

누적시간을 분으로 표시	한 자리수로 표시	7:35	A/P	오전, 오후를 영문 'A, P'로 표시	9:40 A
HH(시)	두 자리수로 표시	19:35	AM/PM	오전, 오후를 영문 'AM,PM'으로 표시	9:40 AM
M(분)	한 자리수로 표시	2:8	오전/오후	오전, 오후를 한글 '오전, 오후'로 표시	9:40 오전
MM(분)	두 자리수로 표시	2:08	[H]	누적시간을 시로 표시	45:30
S(초)	한 자리수로 표시	2:08:2	[M]	누적시간을 분으로 표시	450
SS(초)	두 자리수로 표시	2:08:02	[S]	누적시간을 초로 표시	2541

기초문제

❖ 완성파일 : Section04-기초-완성

01 'Section04-기초.xlsx' 파일을 열고 '상반기 교육평가' 시트에서 다음 조건대로 작성하세요.

조건

① [B2:J2] 셀 영역을 '셀 병합하고 가운데 맞춤'한 후 행 높이를 '33'으로 조절하세요. 글꼴은 '돋움, 20pt, '주황, 강조2, 50% 더 어둡게'로 지정하세요.

② [B4:J17]의 글꼴은 '돋움, 12pt', '전체 테두리'를 지정한 후, 바깥쪽은 '굵은 테두리'로 지정하세요.

③ [B4:J5] 행의 필드를 병합하고 '굵게', 셀 채우기 색은 '주황계열', '아래쪽 이중 테두리'로 지정하세요.

⑤ '부서' 영역은 '균등분할(들여쓰기)'로 맞춤하고, '평균'영역은 소숫점 한 자리로 지정하세요.

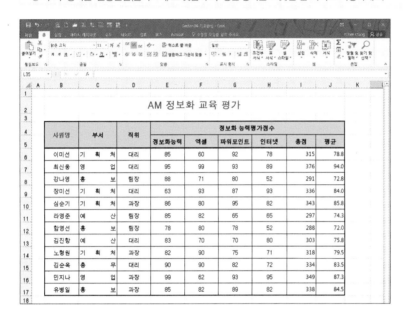

02 'Section04-기초.xlsx' 파일을 열고 '영업지점별' 시트에서 다음 조건대로 작성하세요.

조건

① [F3] 셀 영역을 '셀에 맞춤'으로 조절하시오.

② '입금일자' 영역을 '05-06(금요일)'형식으로 표시형식을 설정하시오.

③ '계좌번호' 영역을 '123-456-7894' 형식으로 표시 형식을 설정하시오.

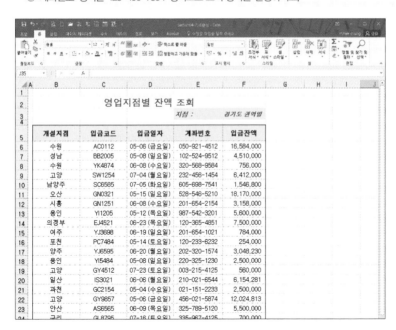

심화문제

❖ 완성파일 : Section04-심화-완성

01 'Section04-심화.xlsx' 파일을 열고 '사원별 판매현황' 시트에서 다음 조건대로 작성하세요.

조건

① '지점' 영역 뒤에 '지점'으로 '판매건수' 영역 뒤에는 '건' 표시 형식으로 설정하시오.
② '판매총액' 영역에 '세 자리마다 쉼표'와 '원'단위 표시 형식으로 설정하시오.

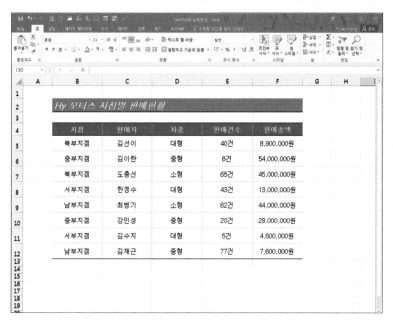

힌트

- '지점'은 사용자 지정 표시 형식에서 '@" 지점"'
- '판매건수'는 사용자 지정 표시 형식에서 'G표준"건"'
- '판매총액'은 사용자 지정표시 형식에서 '#,##0"원"'

02 'Section04-심화.xlsx' 파일을 열고 '수당지급현황' 시트에서 다음 조건대로 작성하세요.

조건

① '기본급' 은 '₩' 통화표시를 하시오.
② '상여율' 은 '백분율(%)' 표시를 하시오.
③ '수당' 은 천 단위를 절삭하여 표시하고 단위를 '천원'으로 표시하시오.
④ '지급수당총액' 은 '한자 갖은자'로 표시한 후 '원정'을 표시를 하시오.

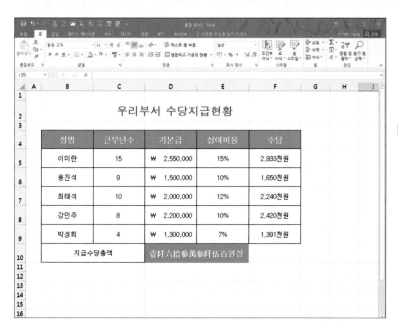

힌트

- '기본급'은 표시 형식 그룹의 통화 표시
- '상여율'는 표시 형식 그룹에서 '%'
- '수당'은 사용자 지정표시 형식에서 '#,##0,"천원"'
- '지급수당총액'은 [셀 서식]의 '기타'범주의 '숫자(한자-갖은자)'로 지정한 후 '사용자 지정'의 형식 입력란에서 '[DBNum4] [$-ko-KR]G/표준' 뒤에 "원정"입력

05

SECTION

수식과 자동 함수

엑셀은 수식을 계산하고 함수를 사용하여 원하는 값을 얻고자 하는 것이 핵심입니다. 기본 연산을 사용해 값을 구하고, 셀의 참조 방식을 이용해 자동함수와 함께 계산식을 쉽게 작성할 수 있습니다.

PREVIEW

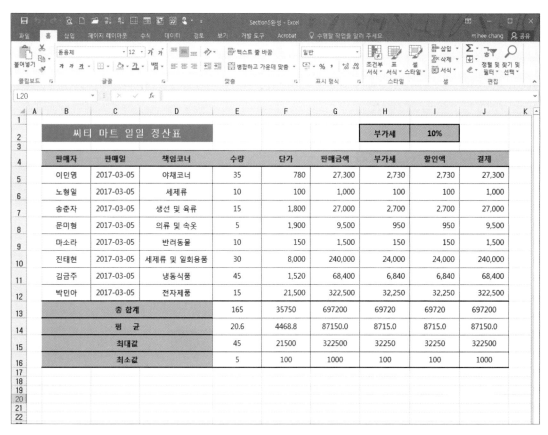

▲ 완성파일 : Section5-완성.xlsx

학습내용

실습 01 기본 수식의 연산하기

실습 02 자동 함수로 계산하기

실습 03 이름정의로 하는 수식 계산

체크포인트

● 사칙연산을 이용해 계산을 해봅니다.

● 자동 함수 계산식을 해봅니다.

● 셀 주소와 참조 방식에 대해 알아봅니다.

● 셀 범위 대신 이름 정의로 수식을 계산해 봅니다.

기본 수식의 연산하기

▼ 준비파일 : Section5.xlsx

01 '판매금액'을 구하기 위해 [G5] 셀을 클릭합니다. '판매금액'은 '수량'과 '판매'를 곱한 값입니다. 수식을 입력하기 위해서는 [G5] 셀에 '='을 먼저 입력한 후 '이민영'의 '수량'인 [E5]를 클릭합니다. 수식 입력줄에 '=E5'가 입력됩니다.

> **Tip** 수식을 구할 때에는 셀 값을 직접 입력하지 않고 마우스로 셀 값을 클릭해야 셀의 값이 바뀌었을때 자동으로 재계산이 됩니다.

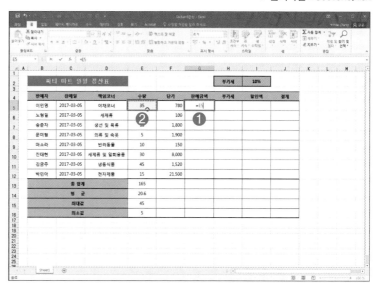

02 다음으로 곱셈 연산자 "*"를 누른 후 단가인 [F5] 셀을 클릭합니다. 수식이 'E5*F5'이 맞는지 확인한 후 [Enter]를 누릅니다.

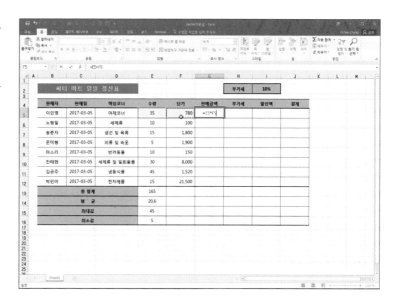

03 [G5] 셀의 '판매금액'을 자동 채우기 핸들(+)을 더블클릭하여 [G12] 셀까지 수식을 복사합니다. 자동으로 수식이 복사되어 값을 표시합니다.

> **Tip** 수식을 복사하고 나면 서식이 지워지는 경우가 있습니다. 기본 서식을 유지 하고 싶다면 [붙여넣기]에서 [서식 없이 채우기]를 클릭합니다.

04 부가세는 '판매금액'의 10%를 구합
니다. 부가세는 미리 입력되어 있는
[I2] 셀 값을 이용합니다. 부가세를
구하기 위해 [H5] 셀에 클릭한 후
[=G5*I2] 셀을 클릭합니다.

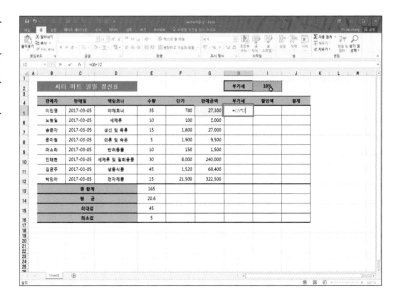

05 부가세(I2)는 다른 수식에도 공동으
로 사용되는 값으로 F4를 눌러 값
이 바뀌지 않도록 절대참조로 바꾸
어야 합니다. [I2]의 값이 '$I$2'로
수정됩니다. Enter를 누릅니다.

Tip　절대참조로 바꾸지 않고 수식을 복사하면 부
　　가세의 [I2]의 셀 값이 바뀌게 됩니다. 고정값
　　으로 모든 셀에서 참조하는 경우에는 절대참
　　조로 바꾸어야 합니다.

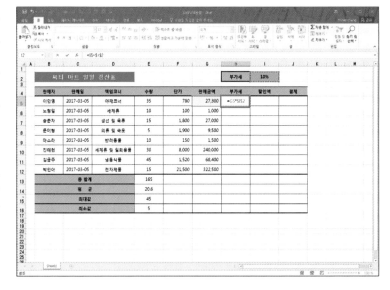

06 '할인액'은 '판매금액*0.1'로 계산하
고 '결제'는 '(판매금액+부가세)−할
인액'으로 계산합니다.

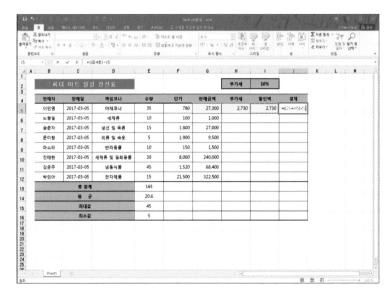

07 '부가세, 할인액, 결제'의 셀 값을 드래그하여 자동채우기 핸들(✛)로 수식을 복사합니다.

Tip 자동 채우기 핸들을 더블클릭해도 수식이 복사됩니다.

알아두기 | **수식의 이해와 연산자의 유형**

■ 수식의 이해

수식은 '='로 시작하고 계산할 값 또는 셀 값과 연산자를 입력합니다.

①번인 경우 직접 상수값을 입력하여 계산한 경우 [B2] 셀과 [B3] 셀 값이 바뀌어도 재 계산이 되지 않습니다.

②번인 경우 셀 값을 입력하여 계산한 경우 [B2] 셀과 [B3] 셀 값이 바뀌면 재 계산이 이루어 집니다.

	A	B	C	D
1			더하기	빼기
2		100	=100+50	=100-50
3		50		
4				
5		100	=B5+B6	=B5-B6
6		50		

■ 연산자의 유형

수식에 사용되는 연산자는 산술, 비교, 참조, 문자열 연결 연산자를 사용합니다.

	연산자	;(세미콜론)	,(콤마)	공백		
참조 연산자	기능	연속범위 (A1:A100)	비 연속범위 (A1,D1,F1)	교차 범위 (A1:B10,B5:D10)		
산술 연산자	연산자	+	−	*	/	^
	기능	더하기	빼기	곱하기	나누기	지수
문자열 연산자	연산자	&				
	기능	문자결합				
비교 연산자	연산자	=	〉, 〈	〉=	〈=	〈〉
	기능	같다	크다, 작다	크거나 같다	작거나 같다	같지 않다

자동 함수로 계산하기

01 '총 합계'를 구하기 위해 [E13] 셀에 클릭합니다. [홈] 탭의 [편집] 그룹에서 [Σ]의 목록 단추(▼)를 클릭하여 [Σ합계]를 클릭합니다.

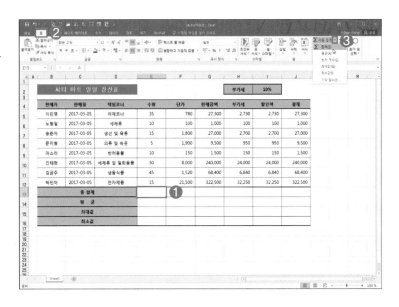

02 [E13] 셀에 'SUM(E5:E12)' 수식이 표시되며 합계가 계산될 [E5:E12] 범위가 깜빡거립니다. 범위가 맞는지 확인한 후 [Enter]를 누릅니다.

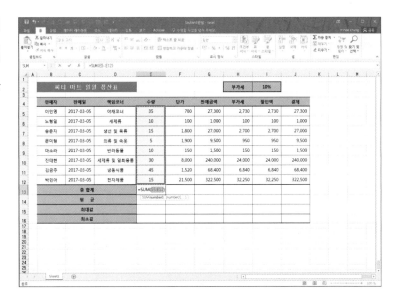

03 [E14] 셀에 수량의 평균을 구하기 위해 [E14] 셀을 클릭한 후 [홈] 탭의 [편집] 그룹에서 [Σ]의 목록단추(▼)를 클릭하여 [Σ평균]을 클릭합니다.

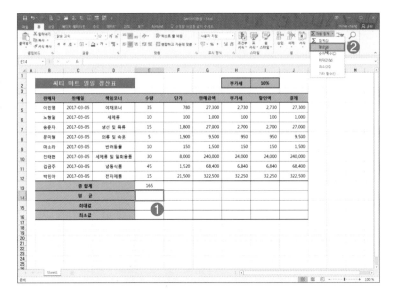

04 평균을 구할 범위가 '총합계'까지 영역 설정되므로 다시 드래그하여 평균을 구할 영역만 설정한 후 Enter를 누릅니다.

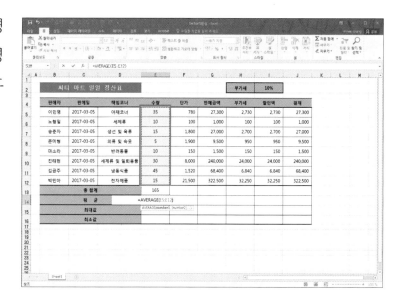

05 [E15] 셀에 수량의 최대값을 구하기 위해 [홈] 탭의 [편집] 그룹에서 [Σ]의 목록단추(▼)를 클릭하여 [Σ최대값]을 범위를 다시 설정한 후 Enter를 누릅니다. 같은 방법으로 [E16] 셀에 [Σ]의 목록단추(▼)를 클릭하여 [Σ최소값]을 클릭하여 값을 구할 범위를 다시 설정한 후 Enter를 누릅니다.

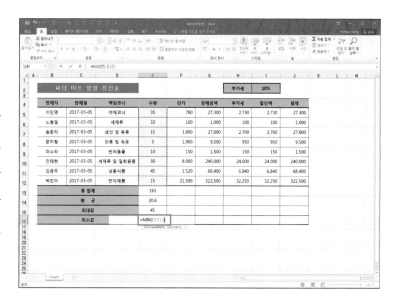

06 각각 값을 구한 [E13:E16] 셀을 드래그하여 영역 설정을 한 후 자동 채우기 핸들(✛)로 [J] 열까지 수식을 복사하여 값을 표시합니다.

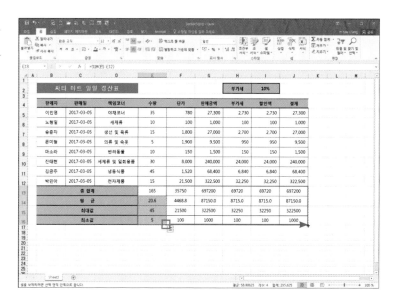

이름 정의로 하는 수식 계산

01 '총합계'는 '합계+가산점'으로 구합 니다. [가산점(G3)] 셀을 클릭합니 다. 수식 입력줄 왼쪽에 있는 '이름 상자' 입력란을 클릭한 후 '가산점' 을 입력한 후 Enter를 누릅니다.

02 '총합계'를 구하기 위해 [F6] 셀에 클릭한 후 '='을 입력하고 [E6] 셀을 클릭합니다. '+가산점'을 입력한 후 Enter를 누릅니다. [F8] 셀까지 자 동 채우기로 수식을 복사합니다. 수 식에는 [G3] 셀 대신 '가산점'으로 이름을 정의하여 사용하면 수식의 이해가 쉽고 범위 설정의 오류를 줄 일 수 있습니다.

03 여러 범위를 한꺼번에 이름을 정의 하기 위해 [C5:D8] 셀까지 영역을 드래그한 후 [수식] 탭의 [정의된 이름] 그룹에서 선택 영역에서 만 들기(🔲)를 클릭합니다. [선택하여 영역에서 이름 만들기] 대화상자에 서 '첫 행'을 클릭하고 [확인]을 누 릅니다.

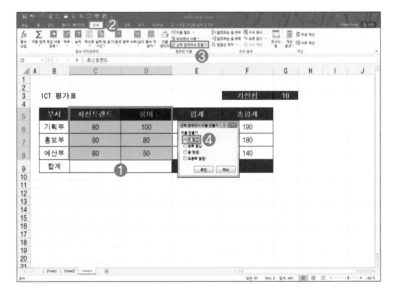

04 [이름 상자] 영역을 클릭하면 첫 행 머리글을 이용해 여러 범위가 한꺼번에 이름 정의가 되어 있음을 알 수 있습니다.

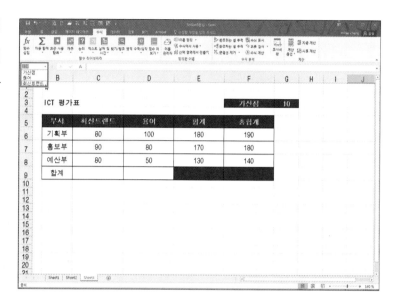

05 '최신트랜드'의 합계를 구하기 위해 [C9] 셀을 클릭합니다. '=SUM(최신트랜드)'를 입력한 후 Enter 를 누릅니다. '최신트랜드'의 이름정의 부분은 절대 참조 영역인 '$C$6: $C$8'까지 동일함을 알 수 있습니다.

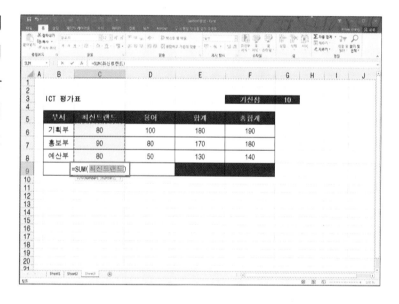

06 용어의 합계도 같은 방법으로 계산합니다. [D9] 셀에 클릭한 후 를 구하기 위해 [C9] 셀을 클릭합니다. '=SUM(용어)'를 입력한 후 Enter 를 누릅니다.

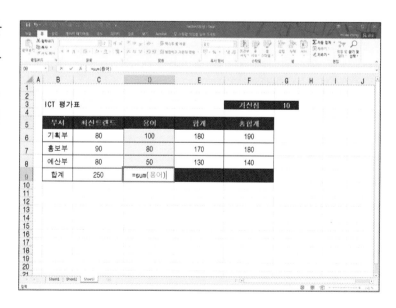

07 정의한 이름을 편집하기 위해 [수식] 탭의 [정의된 이름] 그룹에서 [이름 관리자]를 클릭합니다. [이름 관리자] 대화상자에서 편집하려는 이름을 클릭하고 [편집]을 누릅니다.

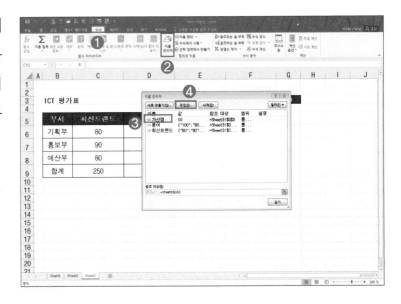

08 [이름 편집] 대화상자에서 '이름'과 '참조 대상'의 범위를 수정한 후 [확인]을 누릅니다.

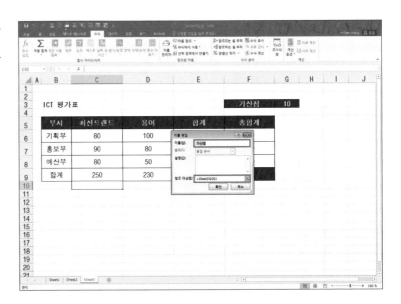

09 정의한 이름을 삭제하려면 [이름 관리자] 대화상자에서 삭제하려는 이름을 선택한 후 [삭제]를 클릭합니다.

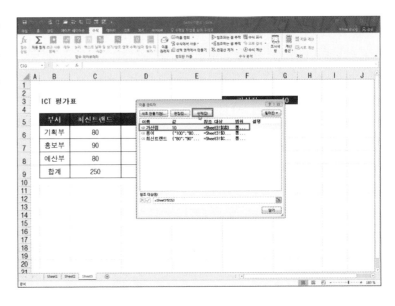

알아두기 절대 참조와 혼합 참조 지정하기/수식 오류 메시지

■ 절대 참조와 혼합 참조 지정하기

절대 참조와 혼합참조는 셀 주소에 '$'이 표시됩니다. F4를 눌러 참조형식을 변경합니다.

상대참조	절대 참조	혼합 참조
C9	$C$9	$C9, C$9

❶ 수식을 복사하면 수식이 입력되어지는 위치가 바뀌어 참조되는 셀의 위치도 변경 됩니다. [수식] 탭의 [수식분석] 그룹에서 수식 표시(▩)를 클릭하여, 수식을 표시합니다.

❷ [E6:E8] 셀의 수식은 아래쪽으로 복사하면 행 번호의 참조가 바뀌게 됩니다. [C9:D9] 셀은 수식을 오른쪽으로 복사하면 열 번호의 참조가 변동됩니다. [총합계(F6)] 셀의 가산점은 모든 수식에서 사용하는 값으로 [가산점(G3)] 셀은 F4를 눌러 '$G$3'인 절대참조로 변경하여 수식을 복사해도 '$G$3'값은 변하지 않습니다.

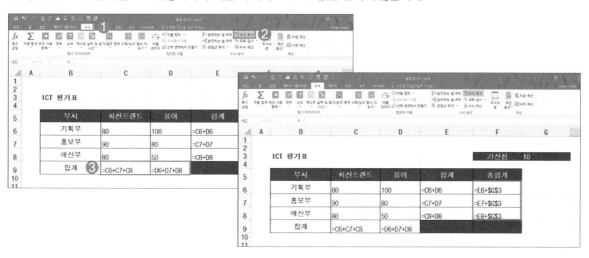

■ 수식 오류 메시지

수식을 사용하면 여러 오류메시지가 표시됩니다. 오류 메시지의 의미를 알고 있다면 문제 해결에 도움이 됩니다.

오류 메시지	내용
#######	열 너비가 충분하지 않거나 날짜 또는 시간이 음수로 사용되는 경우
#DIV/0!	0으로 나누는 경우
#NAME?	수식이나 함수의 잘못된 이름을 사용하는 경우
#REF!	수식에서 사용하는 셀 참조가 잘못된 경우
#VALUE!	수식에서 함수의 인수를 잘못 지정하거나 연산을 잘못 사용한 경우
#N/A	함수에서 지정한 값을 찾을 수 없는 경우
#NULL!	공백 연산자를사용 했을때 교차하는 지점이 없는 경우
#NUM!	숫자 값을 잘못 사용하거나 수식의 결과 값이 너무 크거나 작아서 표시할 수 없는 경우

❖ 완성파일 : Section05-기초-완성.xlsx

01 'Section05-기초.xlsx' 문서의 '비품관리대장' 시트에서 다음의 조건대로 작성하세요.

 조건

① '금액'은 '수량*단가'으로 구하시오.

② '할인액'은 '금액'*0.05로 구하시오.

③ '최종결정액'은 '금액'-'할인액'으로 구하시오.

④ '금액', '할인액', '최종결정액'의 '합계'는 자동합계(Σ)를 이용하여 구하시오.

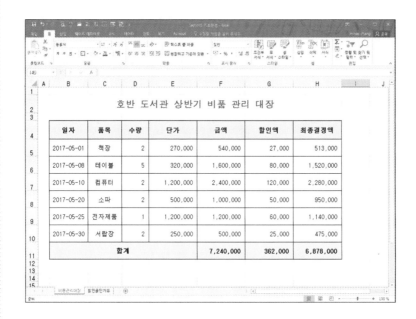

02 'Section05-기초.xlsx' 문서의 '비품관리대장' 시트에서 할인율 [C4:C6] 셀을 참조하여 다음을 구하시오.

조건

① 3%일 때의 'D9:D12'영역은 '단가*할인율'을 구하시오.

② 5%일 때의 'E9:E12'영역은 '단가*할인율'을 구하시오

③ 3%일 때의 'F9:F12'영역은 '단가*할인율'을 구하시오.

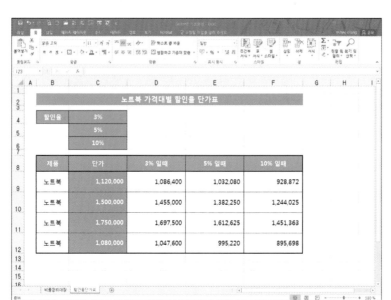

힌트

• 각 단가별로 절대 참조 형식으로 지정합니다.

• 3%일 때 : C9*$C$4

• 5%일 때 : C9*$C$5

• 10%일 때 : C9*$C$6

심화문제

❖ 완성파일 : Section05-심화-완성.xlsx

01

'Section05-심화.xlsx' 문서의 '기본급명세서' 시트에서 다음의 조건대로 작성하세요.

조건

① [J2] 셀의 값을 '비율'로 이름정의하시오.

② '가족수당'은 '(D5*E5)*비율'로 구하시오.

③ '지급액'은 '기본급+가족수당'으로 구하시오.

④ '부양가족수', '가족수당', '지급액'의 '평균'과 '최대값', '최소값'을 자동합계(∑)를 이용하여 구하시오.

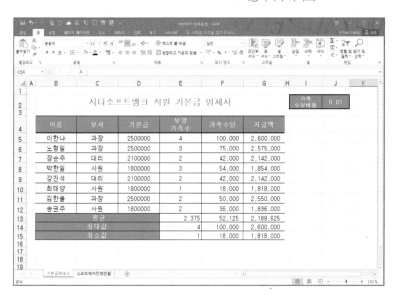

힌트

• [J2] 셀을 클릭한 후 '이름 상자'에 '비율'을 입력한 후 Enter

02

'Section05-심화.xlsx' 문서의 '소프트웨어판매현황' 시트에서 다음의 조건대로 작성하세요.

조건

① [D5:G12] 셀의 범위를 '총판매량'으로 이름 정의하시오.

② 이름 정의한 '총판매량'을 이용하여 '합계', '평균', '최대값'을 구하시오.

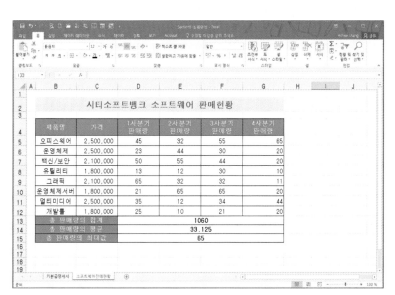

힌트

• [D5:G12] 셀을 영역 지정한 후 '이름 상자'에 '총판매량'을 입력한 후 Enter

• 합계 : SUM(총판매량)

• 평균 : AVERAGE(총판매량)

• 최대값 : MAX(총판매량)

06 셀 데이터 시각화

SECTION

엑셀 워크시트에 입력한 데이터를 강조하거나 데이터를 쉽게 관리하고자 할 때 데이터 시각화를 사용하게 됩니다. 셀 표시, 표 스타일 기능을 이용하면 자주 사용하는 서식을 저장해 두었다가 적용시킬 수 있으며, 표의 기능으로 데이터 관리를 쉽게 할 수 도 있습니다. 조건부 서식과 스파크라인 기능으로 데이터의 흐름을 한 눈에 확인할 수 있습니다.

PREVIEW

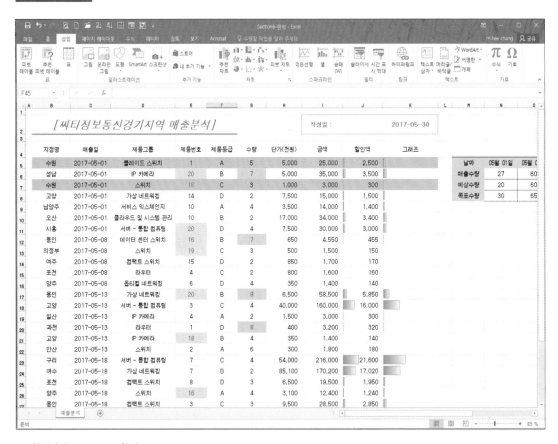

▲ 완성파일 : Section6-완성.xlsx

학습내용

실습 01 셀 스타일과 표 서식

실습 02 조건부 서식으로 서식 지정하기

실습 03 스파크라인으로 셀 그래프화 하기

체크포인트

● [홈] 탭의 [스타일] 그룹에서 '셀 서식'과 '표 서식'의 자동화 서식 기능을 이용해 서식과 표 구조화에 대해 알아봅니다.

● 조건부 서식으로 원하는 데이터에 자동 서식또는 그래프를 입력하여 봅니다.

● 셀에 그래프를 입력하여 봅니다.

셀 스타일과 표 서식

▼ 준비파일 : Section6.xlsx

01 제목을 '셀 스타일'을 적용하기 위해 [L4] 셀을 클릭한 후 [홈] 탭의 [스타일] 그룹에서 셀 스타일(📝)을 클릭합니다. [제목 및 머리글]의 '제목 1' 스타일을 클릭합니다. 미리 저장되어 있는 서식이 적용됩니다.

> **Tip** 화면 크기에 따라 [셀 스타일]의 아이콘 형태로 보일 수도 있고 '미리보기'의 형태로 보일 수도 있습니다. '미리보기'의 형태로 보일 경우 '자세히'를 클릭하여 [셀 스타일] 전체를 볼 수 있습니다.

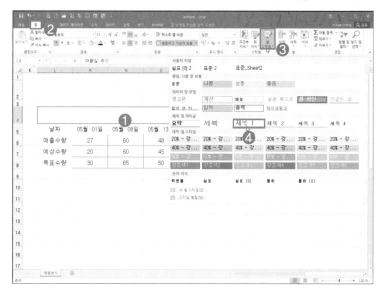

02 테마 스타일을 지정하기 위해 [L5:R5] 셀까지 드래그한 후 Ctrl 을 누른 후 [L6:L8] 셀까지 영역을 드래그합니다. [홈] 탭의 [스타일] 그룹에서 [셀 스타일]을 클릭합니다. '테마 셀 스타일'의 '40%, 강조색 1' 스타일을 클릭합니다. 미리 저장되어 있는 서식이 적용됩니다.

03 자주 사용하는 셀 스타일을 저장해 두었다가 사용할 수 있습니다. 미리 설정된 스타일을 저장하기 위해 [B2] 셀을 클릭합니다. [홈] 탭의 [스타일] 그룹에서 [셀 스타일]을 클릭합니다. [새 셀 스타일(N)]을 클릭합니다.

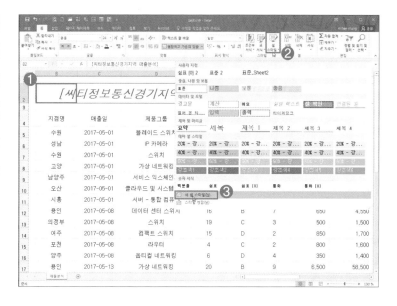

04 '스타일 이름'을 '녹색제목'이라고 입력합니다. 서식을 바꾸려면 [서식]을 눌러 변경할 수 있습니다. '스타일에 포함할 항목(보기)'에서 원하는 스타일만 체크하여 설정할 수도 있습니다. 변경이 없으면 [확인]을 클릭합니다.

05 저장된 스타일은 [홈] 탭의 [스타일] 그룹에서 셀 스타일(🖱)의 '사용자 지정'에서 확인이 가능하며 언제든지 원하는 곳에 적용이 가능합니다.

> **Tip** [홈] 탭의 [스타일] 그룹에서 [셀 스타일]에서 저장된 스타일 위에서 마우스 오른쪽 단추를 누르면 수정, 삭제 등이 가능합니다.

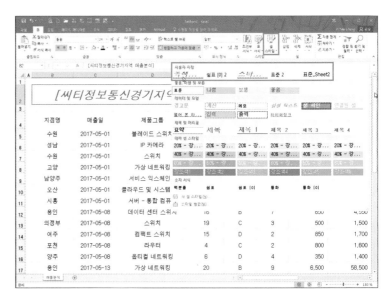

06 [표 서식]으로 표 전체에 서식을 변경하기 위해 표 영역의 셀에 클릭합니다. [홈] 탭의 [스타일] 그룹에서 표 서식(🖱)을 클릭하여 '표 스타일 보통 4'를 클릭합니다.

> **Tip** [삽입] 탭의 [표] 에서 만들수도 있습니다.

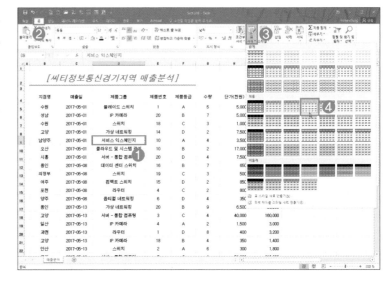

07 [표 서식] 대화상자가 나타나면 '표'
로 만들 데이터의 범위가 맞는지 확
인한 후 [확인]을 누릅니다.

> **Tip** 표 영역의 범위에서 '머리글'이 포함되었는지
> 확인

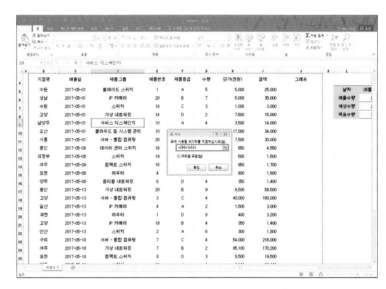

08 선택한 영역이 '표 스타일'로 적용되
면서 머리글에 필터 단추가 나타납
니다.

> **Tip** [필터] 단추를 해제하려면 [데이터] 탭의 [정
> 렬 및 필터] 그룹에서 [필터]를 누릅니다. 표
> 기능은 그대로 두고 '필터'만 해제됩니다.

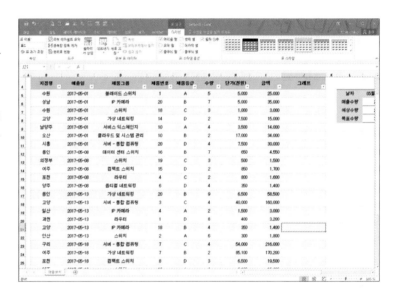

09 표 안을 클릭하여 나타난 [표 도구]
−[디자인] 탭의 [표 스타일 옵션]
그룹의 [요약 행]을 클릭합니다. '요
약 행'은 표 하단에 나타나며 함수
식을 입력하지 않고 클릭만으로 계
산식을 입력할 수 있습니다. '금액'
의 [합계]를 클릭합니다. '단가(천
원)'의 '평균'도 표시합니다.

> **Tip** 필터링을 이용했을 경우 '요약'은 'subtotal'
> 함수가 사용되어 화면에 보이는 내용만 계산
> 해 표시합니다.

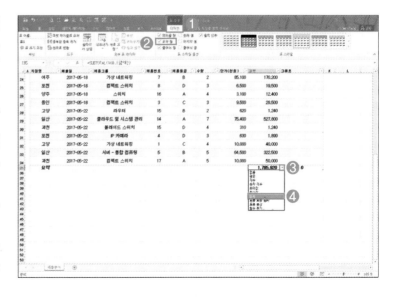

10 표에 열을 삽입하기 위해 [J] 열을 클릭한 후 마우스 오른쪽 단추를 눌러 [삽입]을 누릅니다.

> Tip 열이나 행을 삽입했을 경우 [붙여넣기] 옵션이 나타나지 않는다면 [파일]–[옵션]–[언어교정]–[자동 고침 옵션] –[자동 고침 옵션]을 클릭하여 체크합니다.

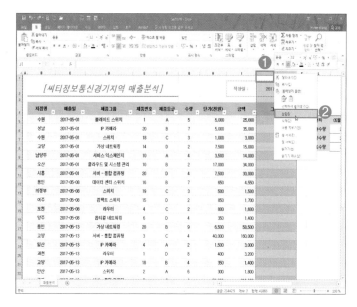

11 열을 삽입한 후 '붙여넣기 옵션'에서 '오른쪽과 같은 서식'을 선택합니다. 서식이 다르다면 옵션을 이용해 서식을 복사하거나 서식을 지울 수 있습니다.

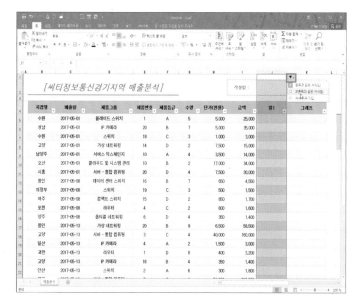

12 표에서 수식을 넣기 위해 [J4] 셀의 내용을 '할인액'으로 수정한 다음 [J5] 셀을 클릭합니다. '=['를 입력한 후 '필드명' 목록이 열리면 '금액'을 더블클릭합니다.

13 나머지 '*0.1'을 직접 입력한 후 Enter를 누릅니다. 표에서 계산식을 입력하면 표의 열 범위 내에 수식이 자동으로 복사되어 계산됩니다.

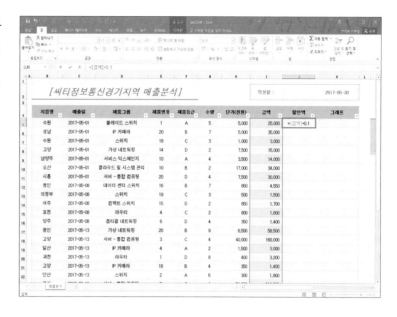

14 표 서식을 변경하기 위해 표 안의 임의의 셀을 클릭한 후 [표 도구]-[디자인] 탭의 [표 스타일 옵션] 그룹에서 '요약 행'을 체크를 해제합니다. [표 스타일]에서 '없음'을 클릭하여 적용되었던 스타일을 해제합니다. [표 스타일]에서 다양한 표의 스타일을 변경할 수 있습니다.

> **Tip** [표 스타일]에서 '없음'을 하면 서식만 해제되고 [표] 기능은 그대로 남아있습니다.

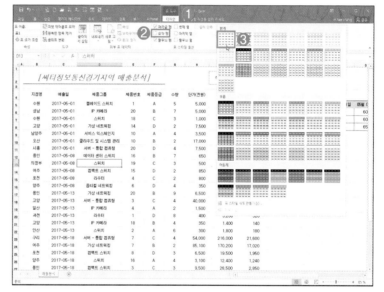

15 [표 스타일] 기능을 일반 엑셀 시트로 변경하려면 [표 도구]- [디자인] 탭의 [도구] 그룹에서 범위로 변화(⬚)을 클릭합니다. [예]를 누르면 일반 워크시트로 변경됩니다.

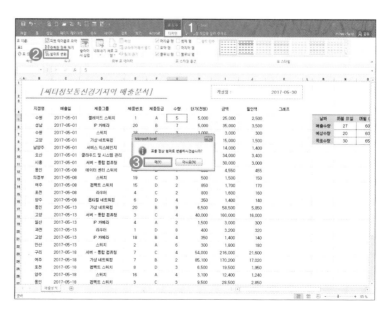

실습 02 · 조건부 서식으로 서식지정하기

01 '제품번호'가 '15보다 큰 셀 값'을 강조하기 위해 '제품번호(E5:E34)'를 영역으로 지정한 후 [홈] 탭의 [스타일] 그룹에서 [조건부 서식]의 [셀 강조 규칙]-[보다 큼]을 클릭합니다.

> **Tip** '셀 강조 규칙'은 중복데이터 또는 특정한 값 사이의 '값'등을 적용할 때 지정합니다.

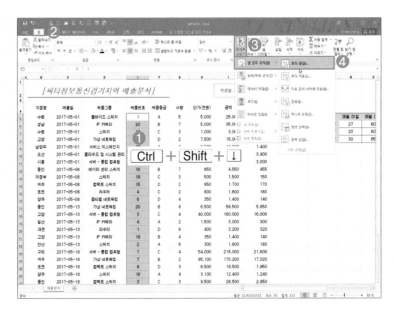

02 [보다 큼] 대화상자가 열리면 '다음 값보다 큰 셀의 서식 지정' 입력 창에 '15'를 입력하고 '적용할 서식'의 목록 단추를 누른 후 [진한 녹색 텍스트가 있는 녹색 채우기]를 클릭합니다.

> **Tip** [사용자 지정 서식]을 누르면 원하는 서식으로 지정 가능합니다.

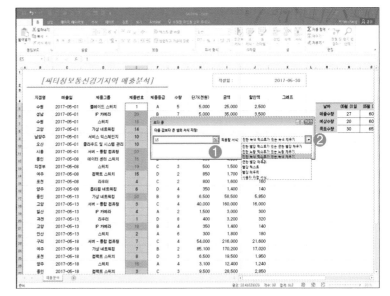

03 '수량'이 '상위 10%'에 속하는 데이터에 서식을 지정하기 위해 '수량' 영역을 지정한 후 [홈] 탭의 [스타일] 그룹에서 [조건부 서식]의 [상위/하위 규칙]에서 [상위 10%]를 선택합니다.

> **Tip** [G5] 셀에 클릭한 후 Ctrl + Shift + ↑ 를 누르면 열 방향으로 범위를 설정합니다.

04 [상위 10%] 대화상자가 열리면 적용할 서식을 선택하고 [확인]을 누릅니다.

> **Tip** '상위/하위 규칙'은 집계를 정렬하거나 집계별의 높거나 낮은 데이터의 서식을 지정합니다.

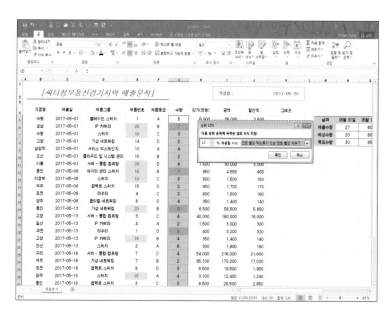

05 셀에 데이터 그래프를 표시하기 위해 '할인액'을 영역으로 지정한 후 [홈] 탭의 [스타일] 그룹에서 [조건부 서식]의 [데이터 막대]의 [파랑 데이터 막대]를 선택합니다.

> **Tip** [데이터막대]는 그래프로 표시하여 직관적으로 데이터를 비교할 때 사용합니다.

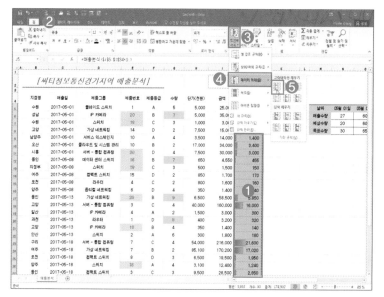

06 '할인액'의 그래프만 표시하기 위해 '할인액' 영역을 복사하여 '그래프' 영역에 붙여넣기합니다. [홈] 탭의 [스타일] 그룹에서 [조건부 서식]의 '규칙 관리'를 클릭합니다.

> **Tip** '규칙관리'는 조건부 서식을 수정하거나 추가/삭제하는 등 편집이 가능합니다.

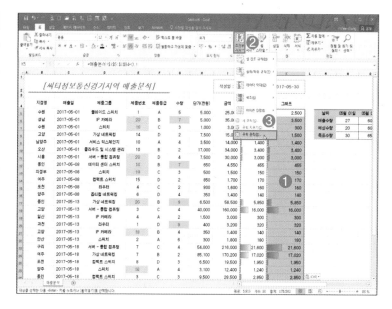

07 [조건부 서식 규칙 관리자] 대화상자가 열리면 수정하고자 하는 조건 서식을 더블클릭하거나 [규칙 편집]을 누릅니다.

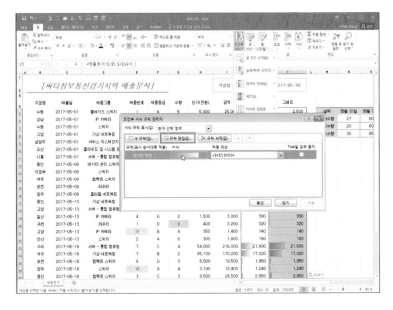

08 [서식 규칙 편집] 대화상자가 열리면 [막대만 표시]에 체크한 후 [확인]을 누릅니다. [조건부 서식 규칙 관리자] 대화상자에서도 [확인]을 누릅니다. 그래프 영역에 숫자는 표시 되지 않고 막대만 표시됩니다.

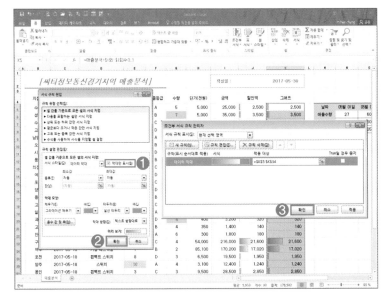

09 조건에 만족하는 행 전체에 서식을 넣기 위해 'B5:K34'까지 영역을 드래그 합니다. [홈] 탭의 [스타일] 그룹에서 [조건부 서식]-[새 규칙]을 클릭합니다.

> **Tip** 조건부 서식에서 '행 단위'의 조건부 서식을 지정하려면 필드를 제외한 실제 데이터만 영역을 지정합니다.

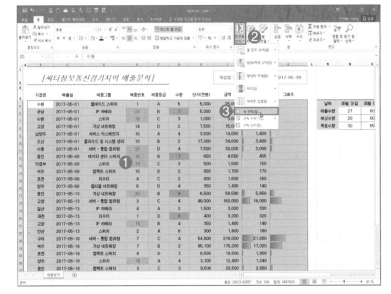

10 [새 서식 규칙] 대화상자에서 [수식을 사용하여 서식을 지정할 셀 결정]을 클릭한 후 '다음 수식이 참인 값의 서식 지정' 입력란에 '='을 입력합니다. '지점명'의 첫 번째 셀 값인 [B5] 셀을 클릭한 후 **F4**를 두 번 눌러 '열' 값만 고정한 후 '="수원"을 입력합니다. [서식]을 클릭한 후 [채우기] 탭-[색]을 선택한 후 [확인]을 누릅니다.

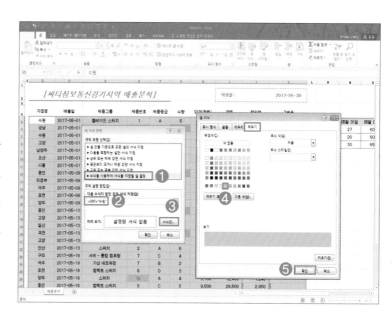

11 지점명이 '수원'인 행 전체에 서식이 적용되었습니다. 다른 지점명을 '수원'으로 수정하면 수정된 행 전체의 서식이 변경됩니다.

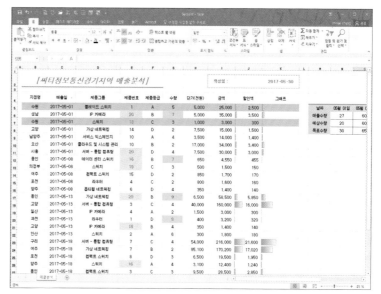

12 조건부 서식을 삭제하려면 [홈] 탭의 [스타일] 그룹에서 [조건부 서식]의 [규칙 지우기]를 클릭합니다. 선택한 셀 또는 시트 전체의 서식을 지울 수 있습니다.

Tip [규칙 관리]에서 원하는 조건부 서식을 지울 수 있습니다.

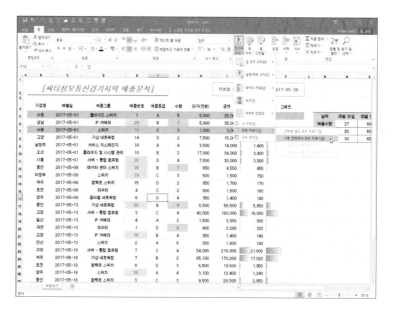

077

스파크라인으로 셀 그래프화 하기

01 스파크라인을 삽입하기 위해 [S6:S8] 셀까지 영역을 드래그합니다. [삽입] 탭의 [스파크라인] 그룹에서 꺾은선형(📉)을 클릭합니다.

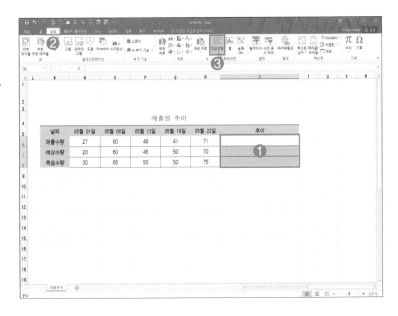

02 [스파크라인 만들기] 대화상자가 열리면 '원하는 데이터 선택'의 입력창에 [N6:R8] 셀까지 범위를 드래그하여 입력한 후 [확인]을 누릅니다.

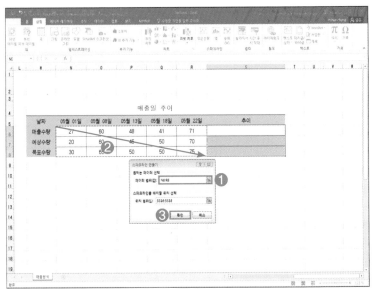

03 추이 범위에 꺾은선형이 표시되면 [스파크라인 도구]–[디자인] 탭에서 [표시]의 '표식'과 [스타일]에서 디자인을 변경합니다.

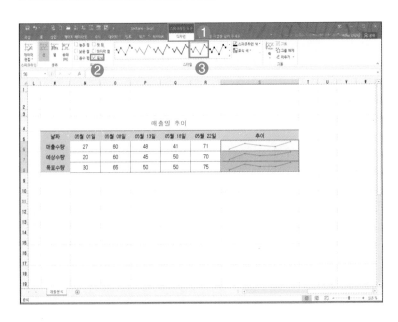

04 꺾은선형 스파크 라인을 [스파크라인 도구]-[디자인] 탭에서 [종류] 그룹의 열(📊)로 변경합니다. [스타일]에서 디자인을 변경합니다.

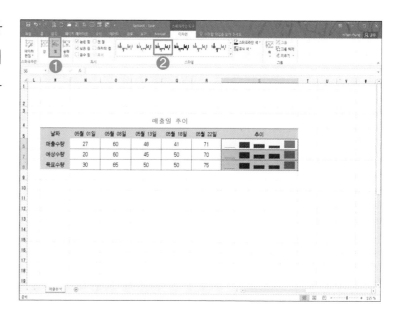

05 표시된 스파크 라인을 삭제하려면 [스파크라인 도구]-[디자인] 탭에서 [그룹] 그룹의 지우기(🧹)를 클릭합니다. [선택한 스파크라인 그룹 지우기]를 클릭하여 전체를 지웁니다.

> **Tip** 선택된 '그룹 전체' 또는 '선택한 스파크라인'을 삭제할 수 있습니다.

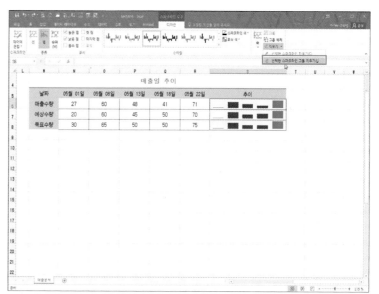

알아두기 | **스파크라인의 종류**

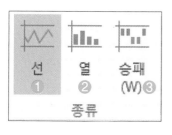

❶ 선 : 시간 흐름에 따른 추이, 꺾은선 그래프
❷ 열 : 크기 데이터 비교한 막대 그래프
❸ 승패 : 값이 양수이면 '승', 음수이면 '패'의 막대 그래프

01 'Section6-기초.xlsx' 파일을 열고 다음의 조건대로 작성하시오.

조건

① '제목 및 머리글'의 '제목'스타일을 적용하시오.

② [B4:G12] 영역에 표 스타일의 '표 스타일 보통2'를 머리글을 포함하여 적용하시오.

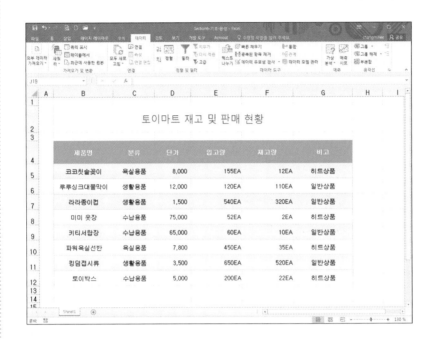

02 'Section6-기초.xlsx'의 기초 문제 1에 이어서 다음의 조건대로 작성하시오.

조건

① '비고'란 앞에 열을 삽입한 후 머리글을 '판매량'으로 수정하고 '입고량-재고량'을 계산하시오.

② '비고'란 앞에 열을 삽입한 후 머리글을 '판매액'으로 수정하고 '단가*판매량'을 계산한 후 셀 스타일의 숫자서식에서 '통화[0]'을 적용하시오.

③ '요약'행을 추가하고 '판매량'의 평균과 '판매액'의 합계를 구한 다음 '범위로 전환'하시오.

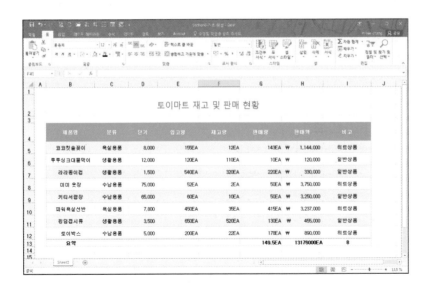

❖ 완성파일 : Section6-심화-완성.xlsx

01 'Section6-심화.xlsx' 파일의 '모집현황' 시트를 열고 다음의 조건대로 작성하시오.

조건

① '모집인원(D5:E12)'을 '녹색-노랑-빨강색조'의 조건부 서식을 지정하시오.

② '수강인원(F5:F12)'을 '파랑 데이터 막대'의 조건부 서식을 지정하시오.

③ '개강여부(H5:H12)'가 '폐강'인 경우 '진한 빨강 텍스트가 있는 연한 빨강 채우기'를 지정하시오.

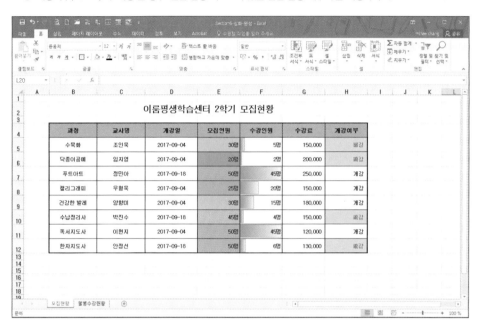

02 'Section6-심화.xlsx' 파일의 '월별수강현황' 시트를 열고 다음의 조건대로 작성하시오.

조건

① '총수강인원(H5:H8)'범위에 '꺾은선'의 스파크 라인을 삽입한 후 '높은점'과 '낮은점'을 표시하시오.

② '종합(D9:G9)'의 셀에 ''의 조건부 서식을 지정하시오.

③ '개강여부(H5:H12)'가 스파크 라인 '열'을 표시하시오.

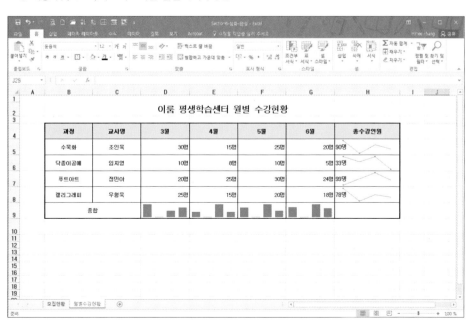

07 시트 보안과 문서 보안

SECTION

특정 셀만 입력을 할 수 있거나 특정 셀을 입력하지 못하도록 방지할 수 있으며, 계산식 셀은 변경할 수 없도록 데이터를 데이터를 보호할 수 있습니다. 통합문서 보호는 워크시트의 추가와 삭제, 이름 변경 등 구조를 변경하지 못하도록 하거나 통합 문서에 암호를 설정하여 문서를 보호할 수 있습니다.

PREVIEW

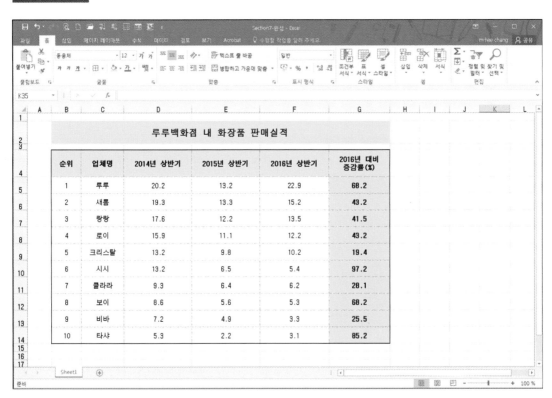

▲ 완성파일 : Section7-완성.xlsx

학습내용

실습 01 셀 데이터 보호하기

실습 02 통합 문서 구조 보호하기

실습 03 통합 문서 저장 암호 설정하기

체크포인트

● 일부 셀을 보호하거나 일부 셀만 입력하도록 워크시트 보호 기능을 알아봅니다.

● 통합 문서 구조의 변경을 금지해 봅니다.

● 통합 문서를 열거나 쓰기 금지를 해봅니다.

실습 01   셀 데이터 보호하기

■ ■ ■ ■ ■

▼ 준비파일 : Section7.xlsx

01 '2016년 대비 증감률(%)' 영역만 입력할 수 있도록 하기 위해 [G5:G14] 셀까지 영역을 드래그한 후 [홈] 탭의 [표시 형식] 그룹의 자세히(ⓘ)를 클릭합니다.

> **Tip** 셀 서식은 [Ctrl]+[1]을 누르거나 마우스 오른쪽 단추의 [셀 서식]을 누릅니다.

02 [셀 서식] 대화상자가 나오면 [보호] 탭의 '잠금'의 체크를 해제합니다. 모든 워크시트는 기본으로 '잠금'으로 되어있기 때문에 입력이 가능하도록 만들기 위해서 '잠금'을 해제합니다.

> **Tip** [홈] 탭의 [셀] 그룹에서 [서식] – [보호] – [셀 잠금]을 클릭하여 해제할 수 있습니다.

03 [G5:G14] 셀까지 영역을 지정한 후 [검토] 탭의 [변경 내용] 그룹에서 시트 보호(▦)를 클릭합니다. [시트 보호] 대화상자가 열리면 '암호'를 입력한 후 [확인]을 누릅니다. [암호 확인] 대화상자에 같은 암호를 한 번 더 입력한 후 [확인]을 클릭합니다.

> **Tip** [홈] 탭의 [셀] 그룹에서 [서식]–[보호]–시트 보호(▦)를 클릭해도 됩니다.

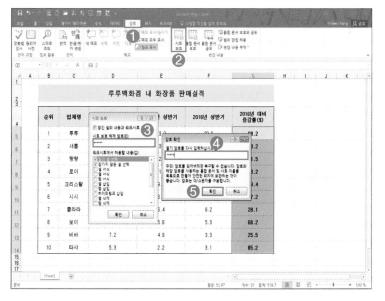

04 [G5:G14] 셀 영역은 입력이 허용되지만 그 외 영역은 입력이 허용되지 않습니다.

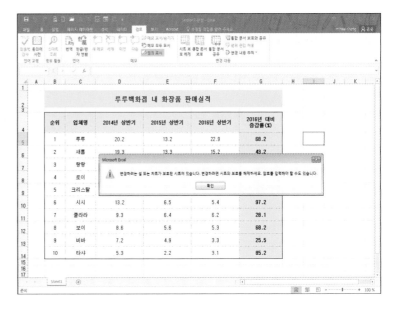

05 시트 보호를 해제하기 위해 [검토] 탭의 [변경 내용] 그룹에서 시트 보호 해제(🔓)를 클릭합니다. [시트 보호 해제] 대화상자가 열리면 '암호'를 입력한 후 [확인]을 누릅니다. 모든 시트에 입력이 가능해집니다.

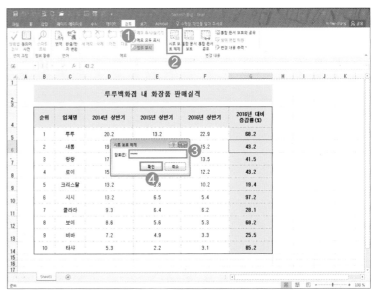

06 특정 영역만 입력을 방지할 수있습니다. 모든 시트는 '잠김' 상태이므로 '잠금'을 먼저 해제해야 합니다. 이름 상자 아래에 있는 '모든 시트'를 선택한 후 [홈] 탭의 [표시 형식] 그룹에서 자세히(⌐)를 누릅니다. [셀 서식] 대화상자가 나오면 [보호] 탭의 '잠금'의 체크를 해제합니다.

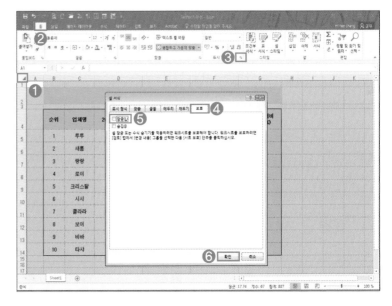

07 [D5:F14] 셀 영역을 드래그한 후 [홈] 탭의 [표시 형식] 그룹의 자세히(ⅴ)를 누릅니다. [셀 서식] 대화상자가 나오면 [보호] 탭의 '잠금'에 체크를 합니다.

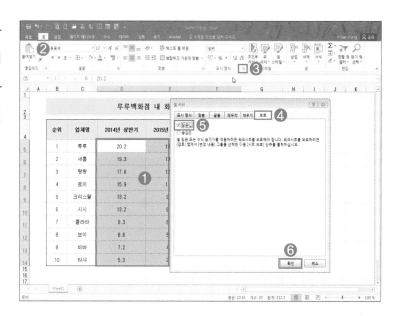

08 [검토] 탭의 [변경 내용] 그룹에서 시트 보호(▦)를 클릭합니다. [시트 보호] 대화상자가 열리면 '암호'를 입력한 후 [확인]을 누릅니다. [암호 확인] 대화상자에 같은 암호를 한 번 더 입력한 후 [확인]을 클릭합니다.

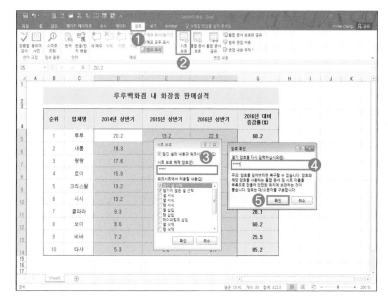

09 [D5:F14] 셀 영역을 제외한 다른 영역은 입력이 가능합니다. 시트 보호를 해제 하기 위해 [검토] 탭의 [변경 내용] 그룹에서 시트 보호 해제(▦)를 클릭합니다. [시트 보호 해제] 대화상자가 열리면 '암호'를 입력한 후 [확인]을 누릅니다. 모든 시트에 입력이 가능해집니다.

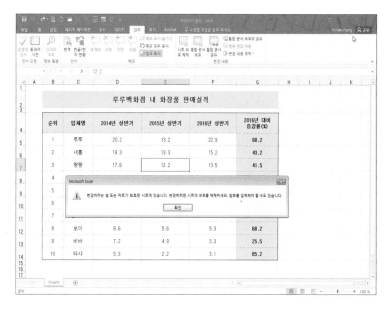

통합문서 구조 보호하기

01 [Sheet1] 시트의 구조를 보호하기 위해 [검토] 탭의 [변경 내용] 그룹에서 통합 문서 보호(🔲)를 클릭합니다. [구조 및 창 보호] 대화상자가 열리면 '암호'를 입력한 후 [확인]을 클릭합니다.

Tip [파일] 탭의 [정보] 그룹에서 [문서보호] -[통합문서 보호]에서도 가능합니다.

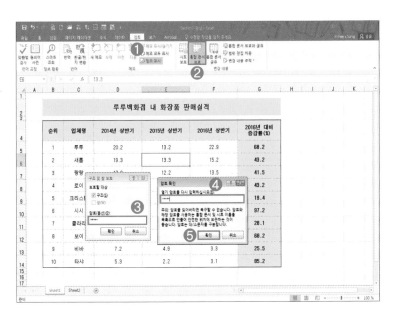

02 [Sheet1] 시트 위에서 마우스 오른쪽 단추를 누릅니다. 시트의 '삽입', '삭제', '이름 바꾸기', '복사' 등 시트에 관한 구조는 변경하지 못하도록 변경되었습니다.

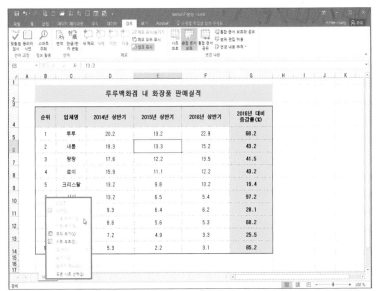

03 암호를 해제하려면 [검토] 탭의 [변경 내용] 그룹에서 통합 문서 보호(🔲)를 클릭합니다. [통합 문서 보호 해제] 대화상자가 열리면 '암호'를 입력한 후 [확인]을 클릭합니다.

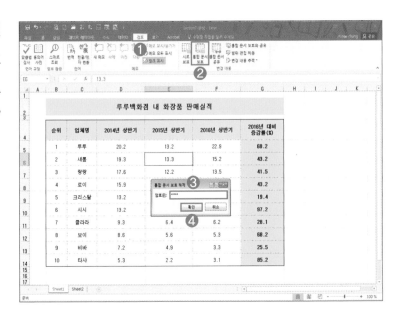

통합 문서 저장 암호 설정하기

01 통합 문서에 저장 암호를 설정하기 위해 [파일] 탭을 클릭한 후 [다른 이름으로 저장]을 클릭합니다. [이 PC]를 클릭하여 [다른 이름으로 저장] 대화상자가 열리면 '저장 위치'와 '파일 이름'을 입력한 후 '도구'의 목록 단추(▼)를 클릭합니다. 목록에서 [일반 옵션]을 클릭합니다.

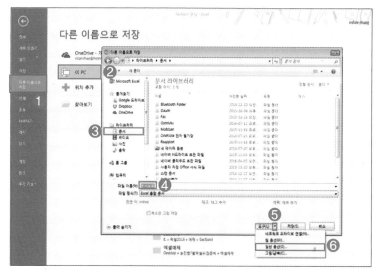

02 [일반 옵션] 대화상자가 열리면 '열기 암호'와 '쓰기 암호'를 입력한 후 [확인]을 클릭합니다.

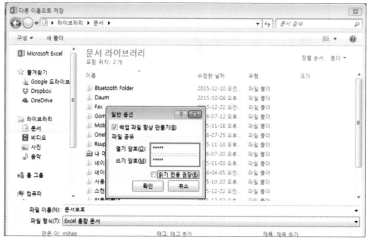

03 [암호 확인] 대화상자에서 '열기 암호'를 다시 한번 입력한 후 [확인]을 클릭합니다. '쓰기 암호'를 다시 한번 입력한 후 [확인]을 클릭합니다.

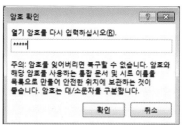

04 문서를 저장한 후 [닫기]를 합니다. 다시 저장된 문서의 [열기] 암호를 묻는 대화상자가 열립니다. 저장할 때 입력했던 암호를 입력합니다. 저장된 문서가 열립니다.

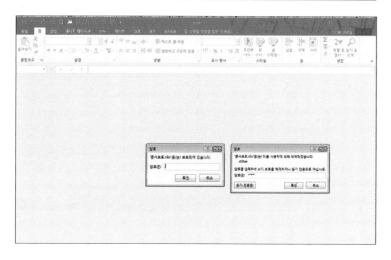

Tip 두 번째 암호 입력창(쓰기 암호)에서 암호를 입력하지 않고 [읽기 전용]으로 문서를 열면 '읽기 전용' 문서로 열립니다. 수정은 되지만 같은 이름으로 저장되지 않으므로 [다른 이름으로 저장]을 이용해 '암호 설정'을 다시 설정할 수 있습니다.

✤ 완성파일 : Section7-기초-완성.xlsx

01 'Section7-기초.xlsx' 파일의 '농산품판매품목' 시트를 열고 다음의 조건대로 작성하시오.

조건

① '판매금액'의 [I5:I12] 셀 영역만 입력이 가능하도록 시트암호를 설정하시오(시트 암호 : 2524).

② 시트 보호를 해제하시오(시트 암호 : 2524).

③ 모든 셀 영역의 '잠긴 셀 선택'과 '잠기지 않은 셀 선택' 모두 영역이 드래그 되지 않도록 시트암호를 설정하시오(시트 암호 : 7854).

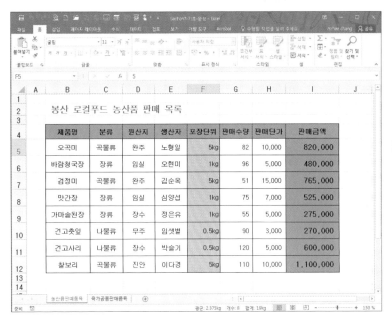

힌트

- [I5:I12]를 드래그한 후 **Ctrl**+**1** 또는 마우스 오른쪽 단추의 '셀 서식'을 누른 후 [셀 서식] 대화상자의 [보호] 탭에서 '잠김' 체크 해제-[검토] 탭의 [시트 보호]
- [검토] 탭의 [시트 보호 해제]
- [검토] 탭의 [시트 보호]-'워크시트에서 허용할 내용' 목록에서 '잠긴 셀 선택'과 '잠기지 않은 셀 선택' 체크 해제- 암호 설정

02 'Section7-기초.xlsx' 파일의 '육가공품판매품목' 시트를 열고 다음의 조건대로 작성하시오.

조건

① '육가공품판매품목'의 시트가 '삽입', '삭제', '이름 바꾸기'등이 실행되지 않도록 통합문서의 구조를 보호하시오(시트 암호 : 6232).

② 통합 문서를 보호를 해제 하시오(시트 암호 : 6232).

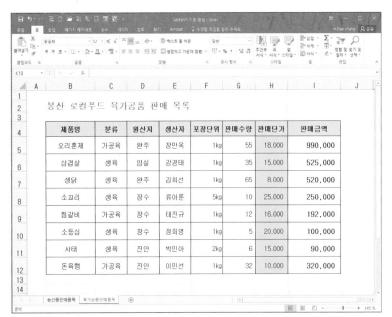

힌트

- [검토] 탭의 [통합 문서 보호]
- [검토] 탭의 [통합 문서 보호 해제]

심화문제

❖ 완성파일 : Section7-심화-완성.xlsx

01 'Section6-심화.xlsx' 파일의 '바리스타 본선대회' 시트를 열고 다음의 조건대로 작성하시오.

① '평가'의 [H5:H20] 셀 영역은 수식이 입력되어 있어 수식이 표시됩니다. 수식은 보이지 않도록 하고 암호를 설정하시오(시트 암호 : 1593).

② 시트보호를 해제 하시오(시트 암호 : 1593).

③ '맛과 향'의 [E5:F20] 셀 영역만 수정할 수 없도록 시트암호를 설정하고, 잠긴 셀은 선택할 수 없도록 설정하시오(시트 암호 : 3265).

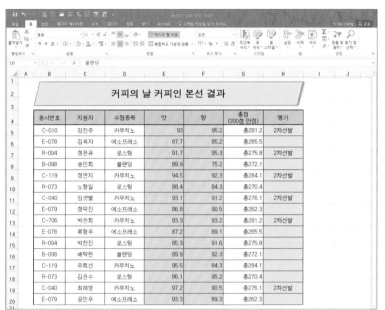

힌트

· [5:12] 셀 영역을 드래그한 후 Ctrl + 1 또는 마우스 오른쪽 단추의 '셀 서식'을 누른 후 [셀 서식] 대화상자의 [보호] 탭에서 [숨김] 클릭-[검토] 탭의 [시트 보호]
· [검토] 탭의 [시트 보호 해제]
· 전체 시트 선택 – [셀 서식] 대화상자의 [보호] 탭에서 '잠금' 체크해제
· [E5:F20] 영역 드래그-[셀 서식] 대화상자의 [보호] 탭에서 '잠금' 체크-[검토] 탭의 [시트보호] – [시트 보호] 대화상자에서 '워크시트에서 허용할 내용' 목록에서 '잠긴 셀 선택' 체크 해제 – 암호입력

02 'Section6-심화.xlsx' 파일의 '바리스타 마스터 과정안내' 시트를 열고 다음의 조건대로 작성하시오.

① '바리스타 마스터 과정안내' 시트가 '삽입', '삭제', '이름 바꾸기'등이 실행되지 않도록 통합문서의 구조를 보호하시오
(시트 암호 : 4785).

② 통합문서의 '열기 암호'와 '쓰기 암호'를 설정하고 '백업파일을 항상 만들기' 하시오(시트 암호 : 3285).

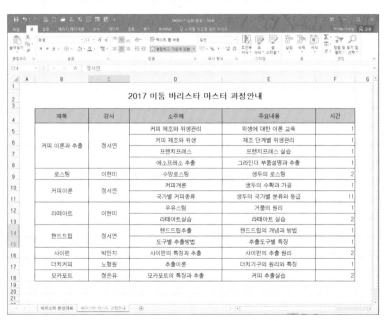

힌트

· [검토] 탭의 [통합 문서 보호]
· [파일] 탭의 [다른 이름으로 저장]-[도구 옵션]

08

SECTION

페이지 레이아웃과 인쇄

엑셀의 문서는 페이지 미리보기를 이용해 페이지 단위로 인쇄 모양을 미리 조정한 후 인쇄를 해야 합니다. 원하는 영역만큼만 범위를 설정하여 인쇄를 할 수도 있으며 인쇄 옵션을 적용하여 매 페이지마다 제목 열을 반복할 수도 있습니다.

PREVIEW

▲ 완성파일 : Section8-완성.xlsx

학습내용

실습 01 페이지 미리보기로 페이지 나누기

실습 02 머리글/바닥글 페이지 번호 넣기

실습 03 문서의 페이지 설정과 인쇄하기

체크포인트

● [보기] 탭의 [통합 문서 보기]를 이용해 인쇄할 페이지를 나눌 수 있도록 합니다.

● 매 페이지의 윗 상단과 아래에 소제목과 페이지 번호를 넣어 봅니다.

● 인쇄할 페이지의 여백과 제목열을 반복해 봅니다.

실습 01 페이지 미리보기로 페이지 나누기

▼ 준비파일 : Section8.xlsx

01 '소비자물가표' 시트에서 [보기] 탭의 [통합 문서 보기] 그룹에서 페이지 나누기 미리보기(▦)를 클릭합니다.

02 '페이지 나누기 미리 보기'를 하면 실제 인쇄될 페이지가 표시됩니다. 파란색 실선은 인쇄될 전체 영역을 표시하며 점선은 페이지를 표시합니다. 인쇄 영역을 조절하기 위해서 1페이지의 오른쪽 점선을 파란색 실선 방향으로 드래그하여 인쇄 영역을 조절합니다.

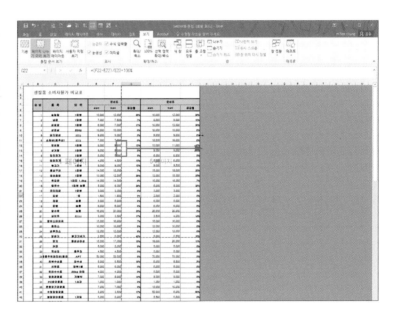

03 왼쪽 [A] 열의 파란색 테두리를 오른쪽 [B] 열로 드래그하여 [B] 열부터 인쇄되도록 인쇄 영역을 조절합니다.

> Tip 엑셀은 워크시트에서 여백을 따로 설정하지 않아도 됩니다. 워크시트에서는 실제 인쇄될 영역만 설정합니다.

04 위쪽 [1] 행의 파란색 테두리를 아래쪽 [2] 행으로 드래그하여 [2] 행부터 인쇄되도록 인쇄 영역을 조절합니다.

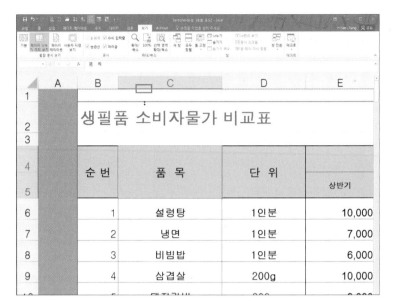

05 왼쪽과 오른쪽 그리고 위쪽의 인쇄 영역은 조절되었습니다.

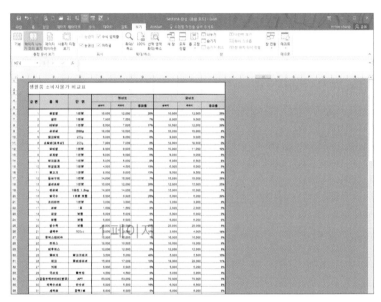

06 페이지를 아래로 이동해 봅니다. 1페이지를 순번40번까지 출력하기 위해 51행의 파란색 점선을 드래그하여 페이지 영역을 조절합니다. 같은 방법으로 2페이지는 80번까지 출력할 수 있도록 인쇄 영역을 조절합니다. [보기] 탭의 기본(▦)을 클릭합니다.

머리글/바닥글 페이지 번호 넣기

01 워크시트에 '머리글/바닥글', '페이지 번호' 등을 삽입하기 위해 [보기] 탭의 [통합 문서 보기] 그룹에서 페이지 레이아웃(▤)을 클릭합니다.

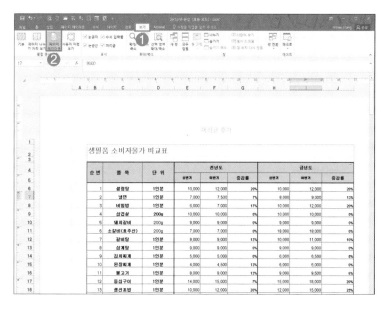

02 '머리글' 영역의 오른쪽에 '생필품 소비자물가 비교표'로 입력한 후 드래그 하여 영역 지정후 [홈] 탭의 [글꼴] 그룹에서 '글꼴'과 '크기'를 지정합니다.

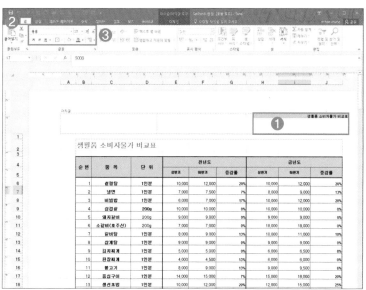

03 페이지 하단으로 이동하여 '바닥글'의 가운데 영역에 클릭합니다. 바닥글'의 가운데 영역에 클릭합니다. [머리글/바닥글 도구]-[디자인] 탭의 [머리글/바닥글 요소] 그룹에서 페이지 번호(#)를 클릭합니다.

Tip [머리글/바닥글 도구]-[탐색] 그룹의 바닥글로 이동(▤)을 클릭합니다.

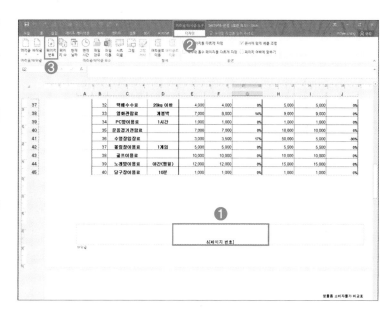

04 페이지 번호 뒤에 '/'를 입력한 후 [머리글/바닥글 도구]–[디자인] 탭의 [머리글/바닥글 요소] 그룹에서 페이지 수(⊡)를 클릭합니다. '페이지 수'는 전체 페이지 수를 나타냅니다.

05 워크시트의 임의의 셀을 클릭하여 '머리글/바닥글' 영역을 빠져나온 후 '페이지 번호'와 '머리글'을 확인합니다.

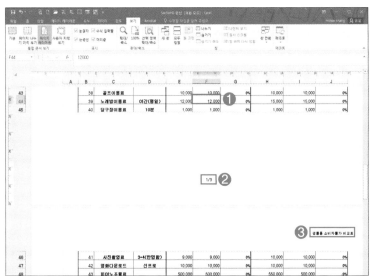

알아두기 | **인쇄 미리 보기의 여백보기**

[인쇄 미리 보기]의 오른쪽 하단의 여백보기(⊞)를 클릭하면 문서의 전체 여백이 표시가 되며, 인쇄 미리 보기에서 '여백'과 '열 너비'를 직접 조절할 수 있습니다.

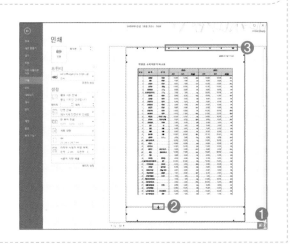

실습 03 | 문서의 페이지 설정과 인쇄하기

01 문서의 여백을 설정하기 위해 [페이지 레이아웃] 탭의 [페이지 설정] 그룹에서 자세히(⌐)를 누릅니다. [페이지 설정] 대화상자의 [여백] 탭에서 '왼쪽'과 '오른쪽'의 여백을 '2'로 설정한 후 [페이지 가운데 맞춤]의 [가로]에 체크를 합니다. 반복되는 제목 열을 설정하기 위해 [시트] 탭을 누릅니다.

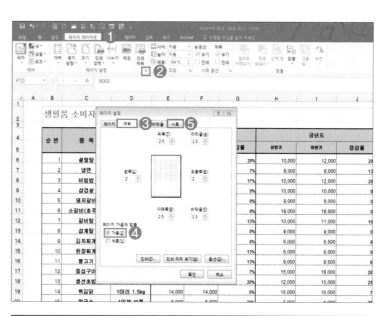

02 [시트] 탭의 '인쇄 제목'의 '반복할 행'의 입력란에 클릭합니다. 인쇄할 제목행인 '4행' 머리글을 클릭합니다. 제목 행에 '$4:$5'가 입력되면 [인쇄 미리 보기]를 클릭합니다.

> **Tip** [페이지 레이아웃] 탭의 인쇄 제목(▥)을 클릭하여 설정할 수 있습니다.

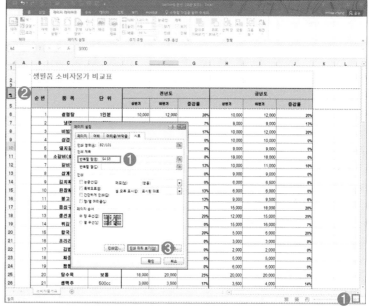

03 [인쇄 미리 보기] 화면의 [한 페이지에 모든 열 맞추기]를 선택합니다. 한 페이지의 폭에 맞게 자동으로 열 너비를 조절합니다. [인쇄]를 클릭합니다.

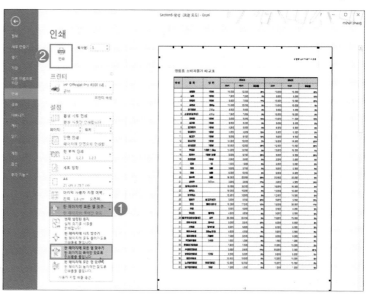

기초문제

❖ 완성파일 : Section8-기초-완성.xlsx

01

'Section8-기초.xlsx' 파일의 '성과 보고서' 시트를 열고 다음의 조건대로 작성하시오.

조건

① 인쇄 페이지 방향을 '가로'로 설정하시오.

② 문서의 여백을 '좁은 여백'으로 설정하시오.

③ 한 페이지의 폭에만 맞도록 '한 페이지에 모든 열 맞추기'를 설정하시오.

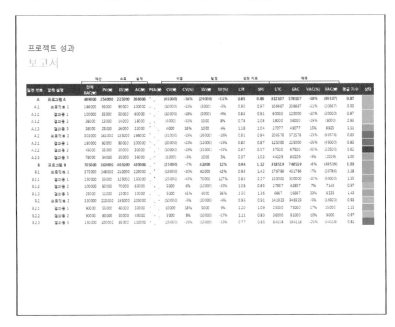

힌트

- [페이지 레이아웃] 탭 – [페이지 설정] 그룹 – [용지 방향] –'가로'
- [페이지 레이아웃] 탭 – [페이지 설정] 그룹 – [여백] –'좁게'
- [파일] – [인쇄] – [설정] – '한 페이지에 모든 열 맞추기'

02

'Section8-기초.xlsx' 파일의 '정의' 시트를 열고 다음의 조건대로 작성하시오.

조건

① 인쇄 페이지 방향을 '세로'로 설정하시오.

② 인쇄 영역을 [B2:F18]을 설정한 후 '인쇄 미리 보기'를 확인하시오.

③ 인쇄 배율의 너비를 '1페이지'로 크기로 설정한 후 '인쇄 미리 보기'를 확인하시오.

프로젝트 성과
측정 기준 정의

일련	측정 기준	약어	설명	수식/값
1	완료 시점 예산	BAC	초기 계획 프로젝트 비용	
2	실제 비용	AC	지정된 기간 동안 작업을 완료한 경우 발생하는 총 비용	
3	진척 상황	EV	지정된 기간 동안 완료된 실제 작업	
4	예상 상황	PV	지정된 기간 동안 완료하도록 예정된 실제 작업	
5	비용 차이	CV	지정된 기간 동안 초과한 비용	EV-AC
6	비용 성과 지표	CPI	비용 효율비	EV/AC
7	일정 차이	SV	지정된 기간 동안 지연된 일정	EV-PV
8	일정 성과 지표	SPI	일정 효율비	EV/PV
9	완료 시까지 견적	ETC	추가 비용 예측	EAC-AC
10	완료 시점 견적	EAC	전체 비용 예측	BAC/CPI
11	완료 시점 차이	VAC	프로젝트 종료 시 초과되는 비용 예측	BAC-EAC
12	상태	해당 없음	CPI와 SPI 평균	(CPI+SPI)/2
13	예상, 소득 실제	PEA	스파크라인과 함께 예상, 소득 및 실제 비용 표시	

힌트

- [페이지 레이아웃] 탭 – [페이지 설정] 그룹 – [용지 방향] –'세로'
- [B2:F18] 셀 영역 지정 후 [페이지 레이아웃] 탭 – [페이지 설정] 그룹 – [인쇄 영역] –'인쇄 영역 설정'
- [페이지 레이아웃] 탭 – [크기 조정] 그룹 – [너비] – '1페이지'

096

❖ 완성파일 : Section8−심화−완성.xlsx

01 'Section8−심화.xlsx' 파일의 '고객보고서' 시트를 열고 다음의 조건대로 작성하시오.

 조건

① [B2:I176] 범위를 인쇄영역에 포함하시오.

② 1페이지에 35개의 데이터만 인쇄할 수 있도록 설정하시오.

③ 문서의 여백을 위와 아래를 '2'로 설정하시오.

④ '2행:4행'을 반복할 행으로 설정하시오.

힌트

• [보기] 탭 − [통합 문서 보기] 그룹 − [페이지 나누기 미리보기]에서 파란색 점 선을 드래그하여 영역지정

• [보기] 탭 − [통합 문서 보기] 그룹 − [페이지 나누기 미리보기]에서 페이지와 페이지 사이의 파란색 점선을 드래그하여 영역지정

• [페이지 레이아웃] 탭 − [페이지 설정] 그룹 − [여백] − [사용자 지정 여백]

• [페이지 레이아웃] 탭 − [페이지 설정] 그룹 − [인쇄 제목] − [반복할 행] − '2 행:4행' 드래그

02 'Section8−심화.xlsx' 파일의 '고객보고서' 시트를 열고 다음의 조건대로 작성하시오.

 조건

① 한 페이지의 폭에만 맞도록 '한 페이지에 모든 열 맞추기'를 설정하시오.

② 바닥글의 오른쪽 영역에 '주문 보고서'를 입력한 후 페이지 번호를 '주문보고서 1쪽'형식으로 지정하시오.

09
SECTION

문서의 다양한 저장과 웹, 앱저장

엑셀의 문서는 다양한 저장 방식으로 저장이 가능합니다. 이전 버전과의 호환성 문서로 저장하거나 PDF문서 서식을 제거하고 데이터만 저장할 수 있는 방식 등 사용자가 원하는 형태로 저장할 수 있습니다. Microsoft 오피스 2016은 One Drive에 문서를 저장한 후 스마트 기기와 PC, 웹 등과 연동하여 문서를 저장하고 편집할 수 있습니다.

PREVIEW

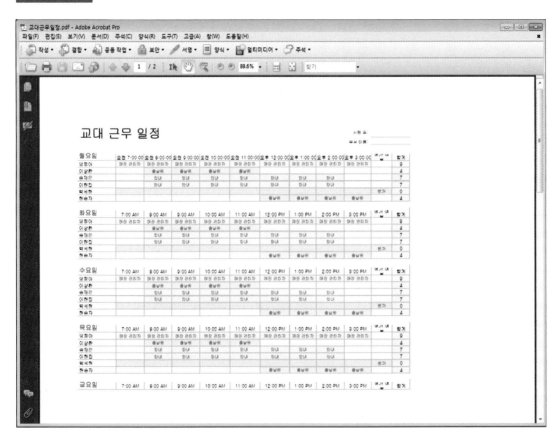

▲ 완성파일 : 교대근무일정.pdf

학습내용

실습 01 이전 버전과의 호환문서 저장하기

실습 02 PDF문서로 저장하기

실습 03 One Drive문서로 저장하기

체크포인트

● 최신 엑셀문서를 이전 버전과 호환 할 수 있도록 저장해 봅니다.

● 엑셀문서를 다양한 방법으로 저장해 봅니다.

● Microsoft에서 제공하는 클라우드 저장장치에 문서를 편집하고 저장과 다운로드 해봅니다.

● 모바일 기기와 문서를 동기화 해봅니다.

이전 버전과의 호환문서 저장하기

▼ 준비파일 : Section9.xlsx

01 [파일] 탭의 [내보내기]에서 파일 형식 변경(🖫)을 클릭합니다. [Excel 97-2003 통합 문서(*.xls)]을 선택한 후 [다른 이름으로 저장]을 클릭합니다.

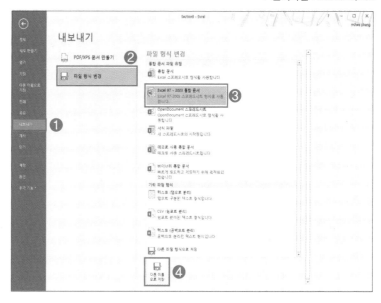

02 [다른 이름으로 저장] 대화상자가 열리면 저장할 위치를 선택한 후 파일이름을 '교대 근무 현황'으로 입력한 후 [저장]을 클릭합니다.

> **Tip** [다른 이름으로 저장] 대화상자에서는 '파일의 저장 위치', '파일 이름', '파일 형식' 등을 설정할 수 있습니다.

03 다시 파일을 현재 버전의 통합문서로 저장하기 위해 [파일] 탭의 [내보내기]에서 파일 형식 변경(🖫)을 클릭합니다. [통합 문서]를 선택한 후 다른 이름으로 저장(🖫)을 클릭합니다. [다른 이름으로 저장] 대화상자가 열리면 저장할 위치를 선택한 후 [저장]을 클릭합니다.

> **Tip** 'Excel 97 – 2003 통합 문서'인 경우 서식을 지정하고 저장한 후 다시 불러오면 서식이 없어지는 경우가 있습니다. 그런 경우에는 'Excel 통합 문서'로 파일 형식을 바꾸어 저장하면 됩니다.

PDF문서로 저장하기

01 [파일] 탭의 [내보내기]에서 [PDF/
XPS 문서 만들기]을 클릭한 후
[PDF/XPS 문서 만들기] 항목에서
[PDF/XPS 문서 만들기]를 클릭합
니다. [다른 이름으로 저장] 대화상
자가 열리면 저장할 위치를 선택 한
후 파일 이름을 '교대근무현황'으로
입력한 후 [게시]를 클릭합니다.

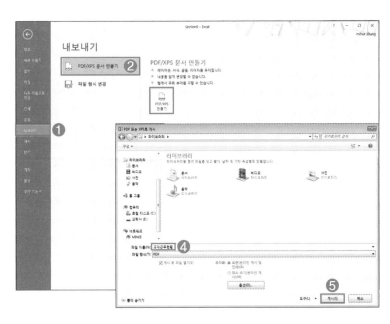

02 PDF 문서로 저장된 후 문서가 열립
니다.

> **Tip** Adobe Acrobat Reader 또는 PDF 뷰어
> 가 설치 되어있어야 문서를 확인할 수 있습
> 니다.

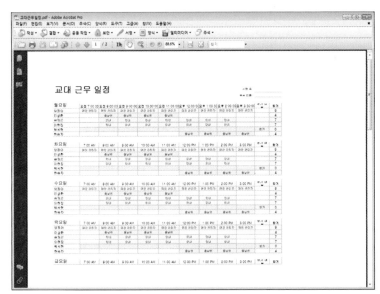

03 엑셀 파일을 다른 형식으로 저장하
는 다른 방법으로는 [파일] 탭의 [다
른 이름으로 저장]을 클릭합니다.
[이 PC]를 클릭한 후 [파일 형식]에
서 저장할 파일 형식을 선택합니다.

One Drive문서로 저장하기

01 오피스 계정에 로그인 하기 위해 [파일] 탭을 클릭합니다. [다른 이름으로 저장]을 클릭한 후 클라우드 저장공간인 [One Drive]를 선택합니다. [로그인]을 클릭한 후 로그인 대화상자에서 '이메일' 주소를 입력한 후 [다음]을 클릭합니다.

> **Tip** One Drive 계정이 없다면 [등록]을 클릭하여 One Drive에 등록을 먼저 하세요.

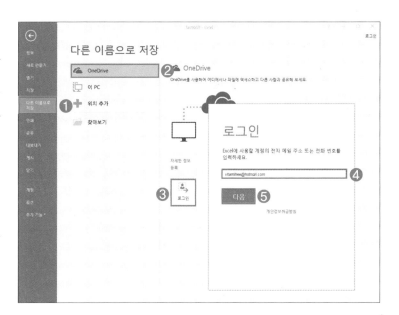

02 [암호]를 입력한 후 [로그인]을 클릭합니다.

> **Tip** 로그인과 로그아웃은 [계정]에서도 가능합니다. [계정]이 없다면 [계정을 만드세요!]를 클릭하여 계정을 먼저 등록하세요.

03 One Drive에 로그인이 되었습니다. [One Drive-개인]을 더블클릭하면 [다른 이름으로 저장] 대화상자가 열립니다. 저장 위치가 웹 사이트 'One Drive'의 저장 위치가 표시됩니다. '파일 이름 : Section9-클라우드'를 입력한 후 [저장]을 클릭합니다.

> **Tip** [새 폴더]를 눌러 저장폴더를 만들 수도 있으며, 파일의 위치와 파일명도 새로 작성이 가능합니다.

04 One Drive에 저장된 파일을 불러 오기 위해 [파일] 탭을 클릭한 후 [열기]에서 [One Drive-개인]을 더 블클릭합니다. 오른쪽에 저장된 파 일 목록에서 [Section9-클라우드] 파일을 더블클릭하면 파일이 열립 니다.

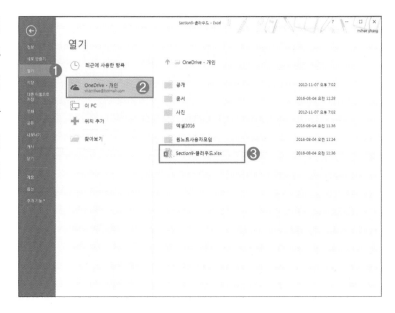

05 웹에서 One Drive에 저장된 문서 를 편집해보기 위해 인터넷 브라우 저를 열고 'https://onedrive.live. com'에 접속합니다. 오른쪽 상단의 [로그인]을 클릭하여 '이메일'과 '암 호'를 입력한 후 [로그인]을 클릭합 니다.

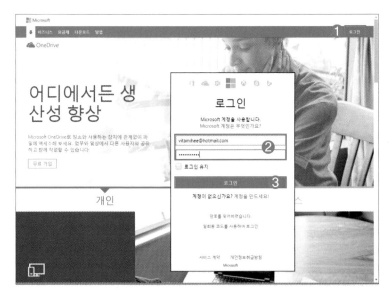

06 웹에 One Drive 저장소가 열립니 다. 'Section9-클라우드' 문서를 선 택한 후 [열기]에서 [Excel Online 에서 열기]를 클릭합니다.

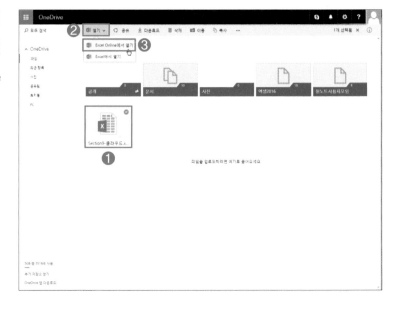

07 온라인 엑셀에서는 모든 기능이 포함되지 않으며 가장 많이 사용하는 기본으로 편집할 수 있는 메뉴들이 표시됩니다. 내용을 수정하면 One Drive에 자동으로 저장되므로 따로 저장 명령을 실행하지 않습니다.

08 파일을 One Drive에 다른 이름으로 저장하거나 복사본을 다운로드 받으려면 [파일] 탭을 클릭하여 해당하는 메뉴를 클릭합니다.

09 One Drive의 왼쪽 상단의 'Microsoft 서비스 목록' 실행기를 누르면 다양한 온라인 오피스 프로그램을 실행할 수 있습니다.

Tip 엑셀 작업이 끝나면 오른쪽 상단의 로그인 정보를 클릭하여 '로그아웃'을 합니다.

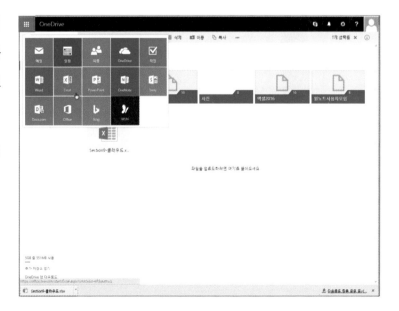

103

❖ 완성파일 : 주간판매현황.xls, 주간판매현황.PDF

01 'Section9-기초.xlsx' 문서를 열고 다음의 조건대로 작성하시오.

 조건

① 엑셀 문서를 '주간판매현황'의 새로운 파일이름으로 'Excel 97 – 2003 통합 문서'로 저장하시오.

② 현재 사용하는 버전의 'Excel 통합 문서'로 저장하시오.

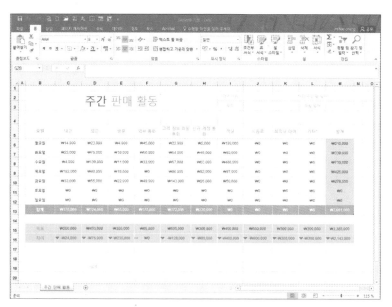

힌트 ▶

• [파일] 탭 – [내보내기] – [파일 형식 변경] – [Excel 97 – 2003 통합 문서] – [다른 이름으로 저장] – 파일 이름 '주간 판매현황'

• [파일] 탭 – [내보내기] – [파일 형식 변경] – [통합문서] – [다른 이름으로 저장]

02 'Section9-기초.xlsx' 문서를 열고 다음의 조건대로 작성하시오.

 조건

① 다음 문서를 '주간판매현황'의 파일 이름으로 PDF문서로 저장하시오.

② 파일 이름을 '주간판매현황-열기암호'로 입력하고 '1265' 열기 암호를 지정하여 'Excel 통합 문서'로 저장하시오.

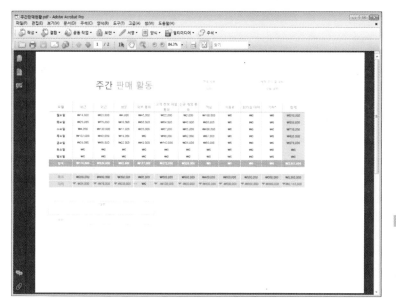

힌트 ▶

• [파일] 탭 – [내보내기] – [PDF/XPS문서 만들기]

• [파일] 탭 – [다른 이름으로 저장] – [도구]–열기 암호

❖ 완성파일 : 판매 수수료 계산.xlsx

01 'Section9-심화.xlsx' 문서를 열고 다음의 조건대로 작성하시오.

조건

① 'One Drive' 저장 위치에 '판매 수수료 계산' 파일 이름으로 저장하시오.

② 인터넷 브라우저를 열고 'https://onedrive.live.com'에 접속하여 '판매 수수료 계산' 파일을 'Excel Online'으로 열고 '9행'의 '판매원'과 '총 판매 금액' 데이터를 삭제하시오.

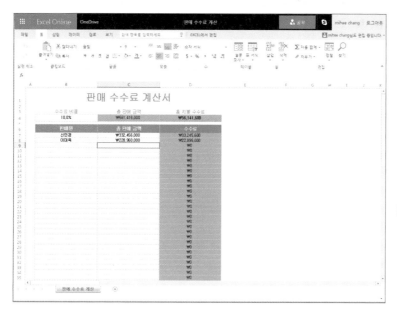

힌트

• [파일] 탭 – [다른 이름으로 저장] – [One Drive – 개인]

• 'https://onedrive.live.com' 로그인– '판매 수수료 계산' 파일 열기 – 데이터 삭제

02 '1번 문제'에 이어서 다음의 조건대로 작성하시오.

조건

① 'https://onedrive.live.com' 접속하여 'One Drive' 저장 위치에 '판매 수수료 계산' 파일을 내 컴퓨터로 다운로드 받아 저장하세요.

힌트

• [판매 수수료 계산] 파일 선택 – [다운로드]

10 기본 함수 익히기

함수는 복잡한 계산식과 연산식을 단순하게 정의해 놓은 것으로 좀 더 쉽게 수식의 결과를 표시할 수 있습니다. 엑셀에서는 다양한 함수를 제공하는데 수학/삼각함수, 텍스트함수, 논리함수, 정보, 찾기/참조함수 등 함수는 엑셀의 꽃이라고 할 수 있습니다.

PREVIEW

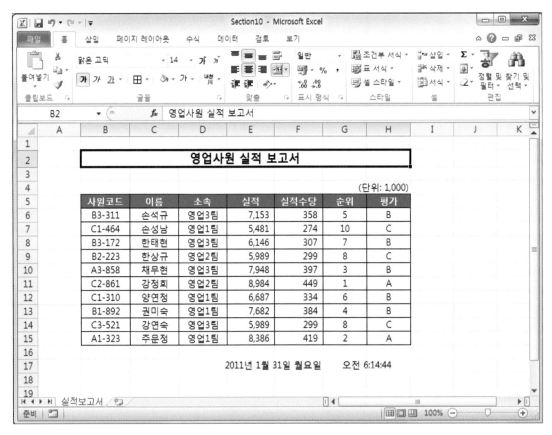

▲ 완성파일 : Section10-완성.xlsx

학습내용

실습 01 현재 날짜와 판매 금액 구하기

실습 02 거래 건수와 조건별 건수구하기

실습 03 조건별 합계 구하기

실습 04 판매수량에 대한 순위 구하기

체크포인트

● 날짜 함수와 올림 함수를 사용해 수식을 계산해 봅니다.

● Count 계열 함수와 Sumif 계열 함수를 이용해 조건별 집계를 계산해 봅니다.

● Rank 함수를 이용해 순위를 구합니다.

현재 날짜와 판매 금액 구하기

▼ 준비파일 : Section10.xlsx

01 '거래일자'를 구하기 위해 [J2] 셀을 클릭한 후 [수식] 탭의 [함수 라이브러리] 그룹에서 날짜 및 시간(🗓)을 클릭한 후 [TODAY]를 선택합니다.

> **Tip** • 날짜 및 시간 함수
> Today( ) : 현재 시스템 날짜
> Now( ) : 현재 시스템 날짜와 시간

02 [J2] 셀에 '=TODAY( )' 수식이 입력되며 [함수 인수] 대화상자가 열리면 [확인]을 클릭합니다. 현재 시스템 날짜가 자동으로 입력됩니다.

> **Tip** Today( )와 Now( ) 함수는 인수가 없는 함수입니다.

03 '할인액'은 (판매수량*판매단가)*0.05%를 계산합니다. '할인액'은 십의 자리에서 반올림해서 백의 자리까지 표시합니다. '할인액'을 계산하기 위해 [I5] 셀에 클릭합니다. [수식] 탭의 [함수 라이브러리] 그룹에서 [수학/삼각]을 클릭한 후 [ROUND]를 선택합니다.

04 ROUND의 [함수 인수] 대화상
자가 열리면 'Number' 입력창에
'(G5*H5)*0.05'를 입력합니다.
'Number_digits' 입력창에 '-2'를
입력한 후 [확인]을 클릭합니다.

> **Tip** [G5] 셀과 [H5] 셀은 셀을 클릭하여 입력하고
> 나머지는 직접 입력합니다.

05 [I5] 셀에 '할인액'이 계산되면 [I5]
셀의 자동 채우기 핸들(+)을 더블
클릭하여 나머지 수식을 복사합니
다. 서식은 복사되지 않도록 하기
위해 자동 채우기 옵션(□)을 클릭
하여 [서식 없이 채우기]를 선택합
니다.

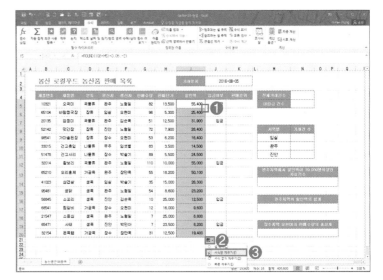

알아두기　│　**ROUND 계열 함수**

계산식에서 자리수를 절삭하거나 반올림하는 경우에 ROUND 계열의 함수를 사용합니다. ROUND는 자리수만큼 반올림하
며, ROUNDDOWN은 무조건 내림, ROUNDUP은 무조건 반올림한 값을 구합니다.

함수 형식 : ROUND(숫자 또는 식,자리수)
인　　수 : Number : 값 또는 식
　　　　　Number_digits : 자리 수

ROUND계열 함수 자릿수 지정		
2	소수 둘째자리까지 표시	=ROUND(1234.567,2) ⇒ 1234.57
1	소수 첫째자리까지 표시	=ROUND(1234.567,1) ⇒ 1234.6
0	소수 양의 정수값 표시	=ROUND(1234.567,0) ⇒ 1235
-1	일의 자리에서 반올림하여 십 단위까지 표시	=ROUND(1234.567,-1) ⇒ 1230
-2	십의 자리에서 반올림하여 백 단위까지 표시	=ROUND(1234.567,-2) ⇒ 1200

실습 02 거래 건수와 조건별 건수 구하기

01 수식을 직접 입력하여 [N4] 셀에 전체 거래가 된 건수를 구하기 위해 [N4] 셀을 클릭하고 '=COU'를 입력합니다. 'COU'로 시작하는 함수들이 표시되면 [COUNT]를 더블클릭합니다.

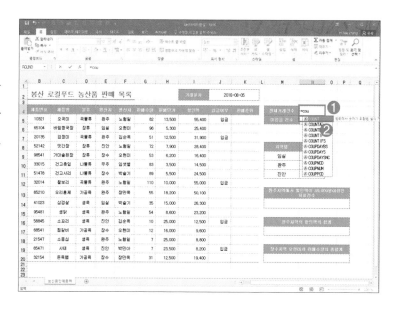

02 수식 입력줄의 *fx*를 클릭하여 COUNT의 [함수 인수] 대화상자가 열리면 'Vaule1'의 입력 상자에 [B5:B20] 셀까지 범위를 드래그합니다.

> **Tip** COUNT(셀 범위) : 숫자가 있는 셀의 개수를 구합니다.

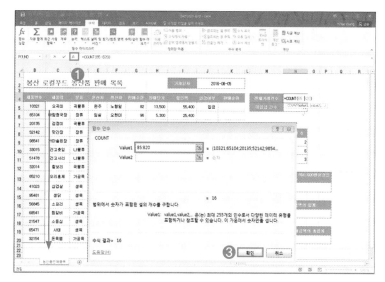

03 '미입금 건수'는 '입금여부'의 빈 셀을 세어 봅니다. [N5] 셀을 클릭하고 '=COU'를 입력합니다. 'COU'로 시작하는 함수들이 표시되면 [COUNTBLANK]를 더블클릭합니다.

> **Tip** COUNTBLANK(셀 범위) : 빈 셀의 갯수를 구합니다.

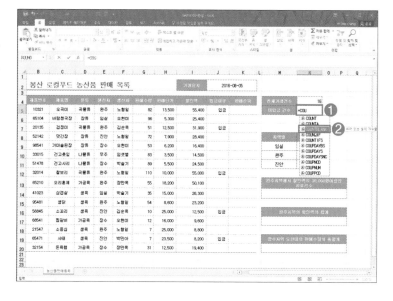

04 수식 입력줄의 *fx*를 클릭하여 COUNTBLANK의 [함수 인수] 대화상자가 열리면 'Range'의 입력 상자에 [J5:J20] 셀까지 범위를 드래그한 후 [확인]을 클릭합니다.

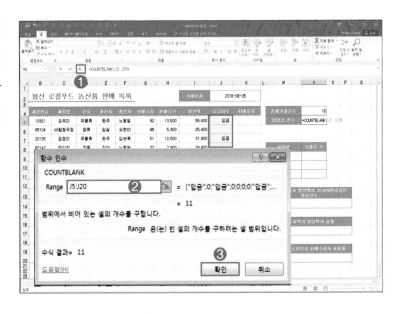

05 '지역별 거래건 수'를 구하기 위해 [N9] 셀을 클릭하고 '=COU'를 입력합니다. 'COU'로 시작하는 함수들이 표시되면 [COUNTIF]를 더블클릭합니다. 수식 입력줄의 *fx*를 클릭합니다.

> Tip COUNTIF : 지정한 범위 내에서 조건에 만족하는 셀의 개수를 구합니다.
> 형식 : COUNTIF(조건이 있는 범위, "조건")
> Range : 조건이 있는 범위
> Criteria : 숫자, 식, 텍스트 형태의 조건

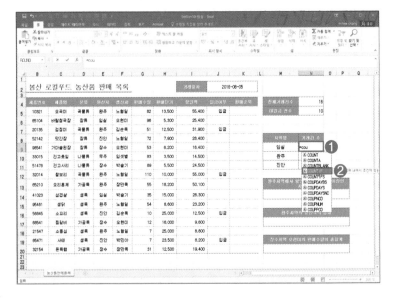

06 COUNTIF의 [함수 인수] 대화상자가 열리면 'Range'의 입력 상자에 [E5:E20] 셀까지 범위를 드래그합니다. F4를 눌러 절대 참조로 변경합니다. 범위가 '$E$5:$E$20'로 바뀝니다. 'Criteria'의 입력 상자에 [M9] 셀을 클릭한 후 F4를 세 번 눌러 '열 값'만 고정합니다.

> Tip 'N9:N11' 셀까지 수식을 복사하기 위해 조건이 있는 범위를 고정해야 하므로 F4를 눌러 절대 참조로 지정해야 합니다.

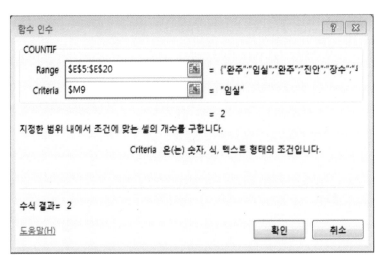

07 '거래건 수'가 계산되면 [N9] 셀의 자동 채우기 핸들(+)을 더블클릭하여 나머지 수식을 복사합니다. 자동 채우기 옵션(📋)을 클릭하여 [서식 없이 채우기]를 선택합니다.

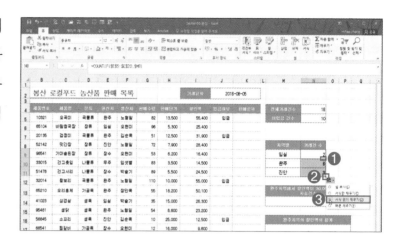

08 '완주지역에서 '할인액'이 '30,000원 이상'인 자료 건수를 구하기 위해 [M14] 셀을 클릭하고 '=COU'를 입력합니다. 'COU'로 시작하는 함수들이 표시되면 [COUNTIFS]를 더블클릭합니다. 수식 입력줄의 f_x를 클릭합니다.

Tip COUNTIF : 지정한 범위 내에서 조건에 만족하는 셀의 개수를 구합니다.
형식 : COUNTIFS(조건범위1, "조건1", 조건범위2, "조건2")

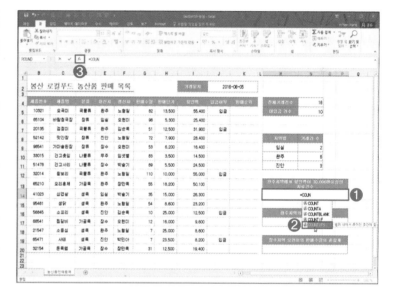

09 COUNTIFS의 [함수 인수] 대화상자가 열리면 'Criteria_range1'의 입력 상자에 [E5:E20] 셀까지 범위를 드래그합니다. 'Criteria1' 입력 상자에 '완주'를 입력합니다. 'Criteria_range2'의 입력 상자에 [I5:I20] 셀까지 범위를 드래그합니다. 'Criteria2' 입력 상자에 '>=30000'를 입력합니다.

Tip 'Criteria_range1' : 지역범위에서
'Criteria1' : '완주'를 찾음
'Criteria_range1' : 할인액에서
'Criteria1' : '>=30000'인 값을 찾음

111

조건별 합계구하기

01 '완주지역의 할인액의 합계'를 구하기 위해 [M17] 셀을 클릭하고 '=SUM'를 입력합니다. [SUMIF]를 더블클릭하고 수식 입력줄의 *fx*를 클릭합니다.

> **Tip** SUMIF: 지정한 범위 내에서 조건에 만족하는 셀의 합계를 구합니다.
> **형식** : SUMIF(조건범위, "조건",합을 구할 범위)
> 'Range' : 조건이 있는 범위
> 'Criteria' : 숫자, 식, 텍스트형태의 조건
> 'Sum_range' : 합을 구할 범위

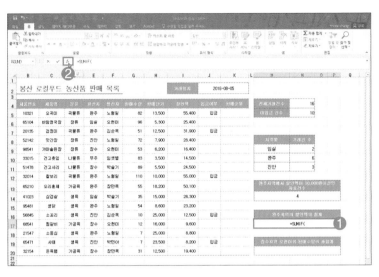

02 SUMIF의 [함수 인수] 대화상자의 'Range'의 입력 상자에 [E5:E20] 셀까지 범위를 드래그하여 입력합니다. 'Criteria'와 'Sum_range'의 입력 상자에는 오른쪽 화면과 같이 입력하고 [확인]을 클릭합니다.

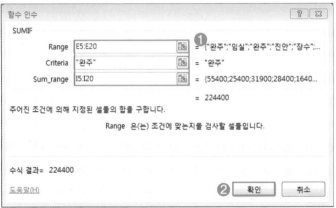

03 '장수지역 오현미의 판매수량의 총합계'를 구하기 위해 [M20] 셀을 클릭하고 '=SUM'을 입력한 후 [SUMIFS]를 더블클릭합니다. 수식 입력줄의 *fx*를 클릭합니다.

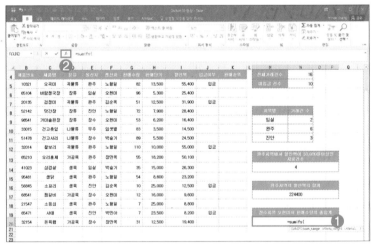

04 SUMIFS의 [함수 인수] 대화상자가 열리면 오른쪽 화면과 같이 입력하고 [확인]을 클릭합니다.

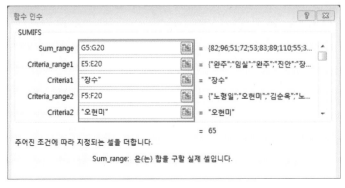

판매수량에 대한 순위 구하기

01 순위를 구하기 위해 [K5] 셀을 클릭하고 '=RANK'를 입력합니다. 'RANK'으로 시작하는 함수들이 표시되면 [RANK.EQ]를 더블클릭합니다. 수식 입력줄의 ƒx를 클릭합니다.

> **Tip** RANK.EQ : 오름차순 또는 내림차순 순위
> Number : 순위를 구하려는 수
> Ref : 순위를 구하려는 목록
> Order : 순위를 정할 방법(0 또는 생략하면 내림차순, 1이면 오름차순)

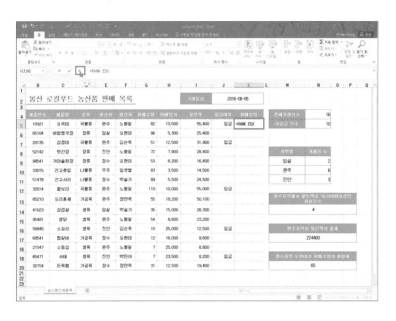

02 RANK.EQ의 [함수 인수] 대화상자에서 'Number' 입력 창에 [G5] 셀을 클릭합니다. 'Ref' 입력창에는 순위를 구하려는 범위인 '판매수량(G5;G20)'을 드래그한 후 F4를 눌러 절대범위로 변경합니다.

> **Tip** Number : G5(G5 판매수량의 순위를 구하여라)
> Ref : $G$5:$G$20(판매량들의 범위에서 구하여라)
> Order : 내림차순 하여라.

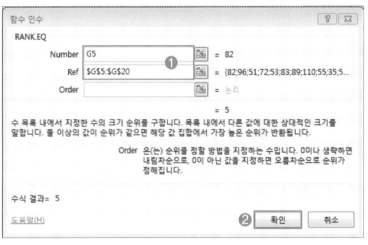

03 [K5] 셀의 '판매순위'가 계산되면 [K5] 셀의 자동 채우기 핸들(+)을 더블클릭하여 나머지 수식을 복사합니다. 서식은 복사되지 않도록 하기 위해 [자동 채우기] 옵션을 클릭하여 '서식 없이 채우기'를 선택합니다.

> **Tip** RANK.EQ함수는 이전 버전의 RANK함수와 동일한 결과를 반환합니다.

❖ 완성파일 : Section10-기초-완성.xlsx

01 'Section10-기초.xlsx' 파일의 '부품가격표' 시트를 열고 다음의 조건대로 작성하시오.

조건

① 판매금액은 '정상가'와 '판매수량'의 값을 곱한 후 '회원할인율(%)'을 할인한 값을 구하시오.

② '부가세'는 '판매금액'을 기준으로 십의 자리에서 내림하여 구하시오.

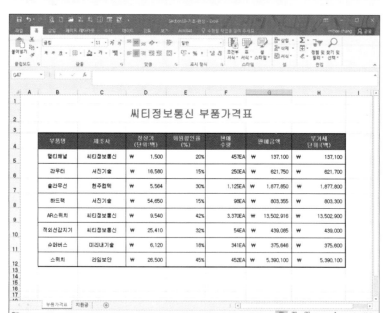

힌트

* (정상가*판매수량)*회원할인율(%)
* 자리수 내림으로 ROUNDDOWN 함수 사용

02 'Section10-기초.xlsx' 파일의 '지원금' 시트를 열고 다음의 조건대로 작성하시오.

조건

① [D13] 셀에 '최대 지원총액(단위:천원)' 최대값을 구하시오.

② [H13] 셀에 '지원금을 신청한 지원처의 총 개수'를 구하시오.

③ [D14] 셀에 '문화예술 분야의 지원총액'를 구하시오.

④ [H14] 셀에 '비고'란의 '폐강'수를 구하시오.

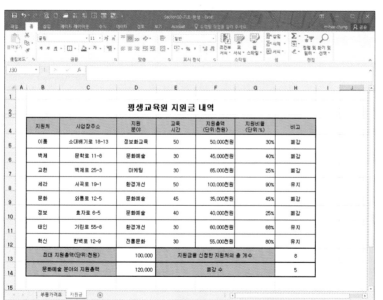

힌트

* 지원총액의 최대값
* 지원처의 셀 갯수를 세어야 함으로 공백을 제외한 모든 셀의 갯수는 COUNTA (범위)함수
* 조건에 만족하는 셀의 합계를 구하는 계산은 SUMIF 함수
* 조건에 만족하는 셀의 개수이므로 COUNTIF 함수

심화문제

❖ 완성파일 : Section10-심화-완성.xlsx

01

'Section10-심화.xlsx' 파일의 '경진대회결과'시트를 열고 다음의 조건대로 작성하시오.

조건

① [G5:G12] 셀에 '기획문서, 정보검색, 프레젠테이션'의 합계를 구하시오.

② [H5:H12] 셀에 '기획문서, 정보검색, 프레젠테이션'의 평균을 구하시오.

③ [I5:I12] 셀에 '합계'가 높은 순으로 순위를 구하시오.

④ [D13] 셀에 '노형일의 프레젠테이션 점수 순위'를 구하고 순위 뒤에 "위"를 표시하시오.(예) 1위)

⑤ [G13] 셀에 '정보검색 점수가 평균 이상인 인원 수'를 구하시오.

힌트

- 함수 뒤에 문자열을 연결할 때에는 "&" 자를 이용한다. (&"위")
- =COUNTIF(E5:E12,")="&AVERAGE(E5:E12)) 사용

02

'Section10-심화.xlsx' 문서를 문서를 열고 다음의 조건대로 작성하시오.

조건

① [H5] 셀에 달리기가 빠른 순으로 '달리기 순위'를 구하시오.

② [J6] 셀에 '기획실 대리들의 참가자 수' 구하시오.

③ [J9] 셀에 '영업부서 사원들의 윗몸일으키기 합계' 구하시오.

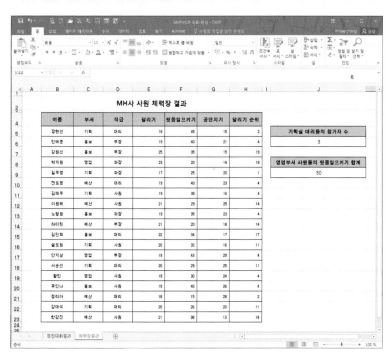

힌트

- =Rank.EQ
- =Countif
- =Sumif

11

SECTION

고급 함수 익히기

엑셀은 사용 목적에 따라 다양한 함수를 사용합니다. 보고서에 따라 현재 날짜를 자동으로 입력하거나 날짜와 시간에 관계된 데이터를 사용할 때에는 날짜/시간 함수를 사용하면 자동으로 업데이트됩니다.

PREVIEW

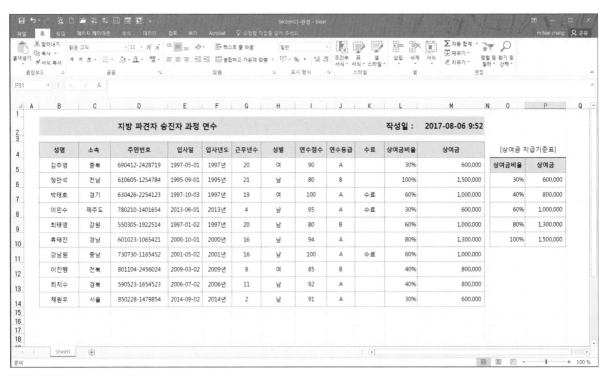

▲ 완성파일 : Section11-완성.xlsx

학습내용

실습 01 입사/근무년수 구하기

실습 02 주민번호로 성별 표시하기

실습 03 조건에 맞는 등급 표시하기

실습 04 기준표에서 비율 가져오기

체크포인트

● Year( ) 함수와 Datedif 함수를 이용하여 근속년수를 구합니다.

● Left 함수와 Mid 함수를 이용하여 성별을 표시합니다.

● If 함수와 Choose 함수를 이용하여 조건에 맞는 결과를 구합니다.

● Vlooup 함수를 이용하여 비율을 구합니다.

▼ 준비파일 : Section11.xlsx

01 오늘 날짜와 시간을 현재 시스템 날짜를 입력하기 위해 [M2] 셀을 클릭합니다. '=NOW( )'를 입력하고 Enter를 누릅니다. 현재 날짜와 시간이 입력됩니다.

> **Tip** NOW( ), TODAY( ) 함수는 자동으로 날짜가 업데이트되므로 날짜를 고정해야 하는 경우에는 함수보다는 날짜를 직접 입력하도록 합니다.

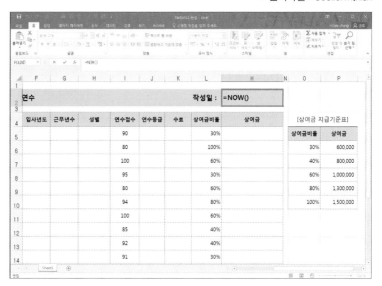

02 '입사일'에서 '입사년도'만 추출하기 위해 [F5] 셀에 클릭합니다. '=YEAR(E5)'를 입력한 후 Enter를 누릅니다. '입사일'에서 '년도'만 추출됩니다.

> **Tip** year, Month, Day : 현재 날짜의 년, 월, 일을 추출
> =year, Month, Day(Serial_number)

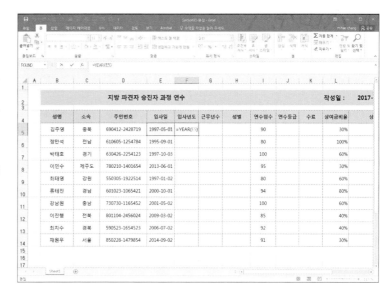

03 추출된 '입사년도' 뒤에 '년'을 추가하기 위해 수식을 수정합니다. 수식 뒤에 "&년"을 입력하고 Enter를 누르면 '1997년'으로 수식에 문자열이 추가됩니다.

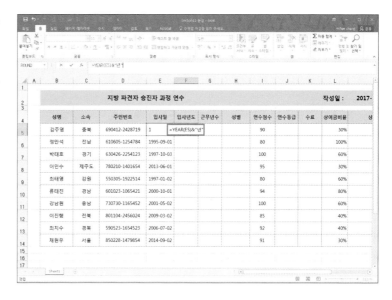

04 '근무년수'는 '입사일'과 '작성일'을 이용해 구합니다. '=DATE DIF(E5,$M$2,"Y")'를 입력한 후 Enter를 누릅니다. 두 날짜 사이의 연도만 표시됩니다.

> Tip $M$2는 기준일이 되므로 F4로 절대참조를 합니다. 종료일이나 기준일이 없는 경우 현 재 날짜로 계산한다면 종료일은 TODAY( )함 수로 구하면 됩니다.
> =DATEDIF(시작일,기준일,"형식")

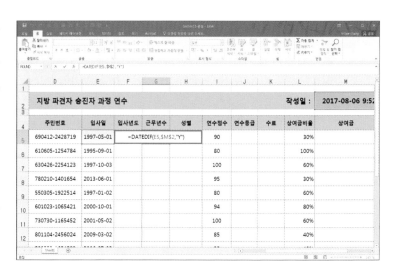

05 [F5:G5] 셀을 드래그하여 영역 설 정한 후 자동 채우기 핸들(+)을 더 블클릭하여 나머지 수식을 복사합 니다. 서식은 복사되지 않도록 하 기 위해 [자동 채우기] 옵션을 클릭 하여 '서식 없이 채우기'를 선택합니 다.

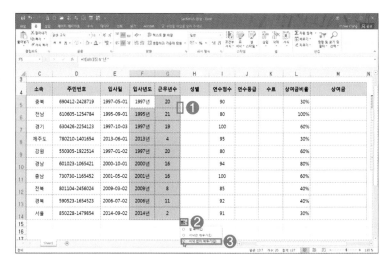

알아두기 | 날짜 함수

● DATE : 날짜를 받아들여 날짜 형식으로 표시

- 형식 : DATE(YEAR,MONTH,DAY)
- 인수 : 날짜 일련번호 또는 날짜 데이터, DATE함수로 입력된 날짜 형식의 데이터

● DATEDIF : 날짜를 받아들여 날짜 형식으로 표시

- 형식 : DATEDIF(시작일,종료일,계산옵션)
- interval 계산옵션 : "y" – 두 날짜 사이의 경과된 연 수 계산
- "m" – 두 날짜 사이의 경과된 월 수 계산
- "d" – 두 날짜 사이의 경과된 일 수 계산
- "ym" – 두 날짜 사이에서 연수를 제외한 월 수 계산
- "md" – 두 날짜 사이에서 월수를 제외한 일 수 계산
- "yd" – 두 날짜 사이에서 연수를 제외한 일 수 계산

주민번호로 성별 표시하기

01 주민번호에서 성별을 나타내는 자리의 숫자를 먼저 추출하기 위해 [H5] 셀에 클릭한 후 '=MID'를 입력하여 목록에서 [MID]를 더블클릭한 후 수식입력줄의 *fx*를 클릭합니다.

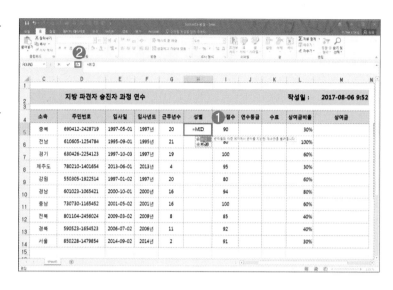

02 MID의 [함수 인수] 대화상자에서 'Text'의 입력창에 '주민번호'의 [D5] 셀을 클릭합니다. 'Start_num'에는 '8'을 입력하고, 'Num_chars'에는 '1'을 클릭한 후 [확인]을 클릭합니다.

Tip MID : 문자에서 중간에 위치한 문자열 추출
Text(D5) : 주민번호에서
Start_num(8) : 8번째 위치한 글자
Num_chars(1) : 첫 글자만 추출

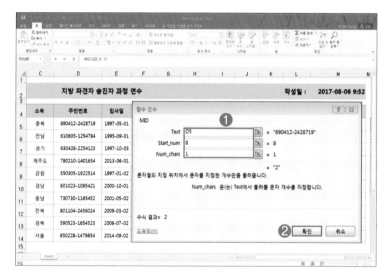

03 [H5] 셀 또는 수식입력줄을 클릭하여 'MID' 함수 앞에 'CHOOSE('를 입력하고 맨 뒤에 ')'를 입력한 후 *fx*를 클릭합니다.

Tip choose : 인수 목록에서 Value 에 해당하는 값 반환하는 함수
형식 : choose(수식, 셀 주소, vlaue1,vlaue2, vlaue3..)

04 CHOOSE의 [함수 인수] 대화상자에서 'Index_num'의 입력 상자에 'MID(D5,8,1)' 수식이 입력되어 있습니다. Value1의 입력창에 '남'을 입력하고 [Tab]을 눌러 Value2에는 '여'를 입력한 후 [확인]을 클릭합니다.

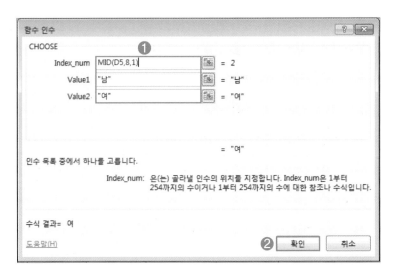

> **Tip** CHOOSE(MID(D5,8,1),"남","여","남","여") : 주민번호의 8번째 글자가 1이면 '남', 2이면 '여', 3이면 '남', 4이면 '여')

05 [H5] 셀의 자동 채우기 핸들(+)을 더블클릭하여 나머지 수식을 복사합니다. 서식은 복사되지 않도록 하기 위해 [자동 채우기] 옵션을 클릭하여 '서식 없이 채우기'를 선택합니다.

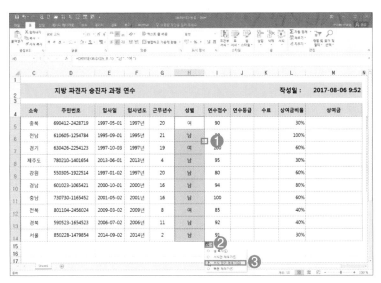

알아두기 | 문자열 함수와 CHOOSE 함수

● 문자열 함수

함수	설명	사용 예	복사하기
LEFT(문자열,숫자)	왼쪽에서 문자 추출	=LEFT("교육이룸",2)	교육
RIGHT(문자열,숫자)	오른쪽에서 문자 추출	=RIGHT("교육이룸",2)	이룸
MID(문자열,시작위치,끝위치)	시작위치에서 지정한 문자수 추출	=MID("교육공간이룸",2,3)	공간
LOWER(문자열)	소문자로 변환	=LOWER("GOOD")	good
UPPER(문자열)	대문자로 변환	=UPPER("good")	공간GOOD
REPT(문자열,수치)	수치만큼 문자열 반복	=REPT("■ ",5)	■ ■ ■ ■ ■
VALUE(문자열)	문자로 입력된 숫자를 숫자로 변환	=VALUE("500")	500

조건에 맞는 등급 표시하기

01 '연수점수'를 기준으로 '90점' 이상 이면 'A', '80점' 이상이면 'B', '70점' 이상이면 'C', 나머지는 'D' 등급표시를 하기 위해 [J5] 셀을 클릭하고 '=IF('를 입력한 후 수식 입력줄의 *fx*를 클릭합니다.

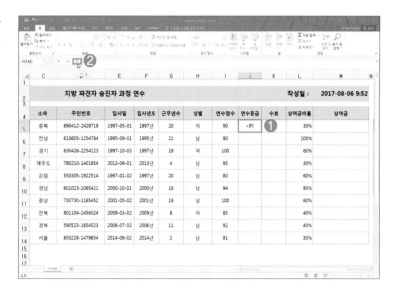

02 IF의 [함수 인수] 대화상자에서 'Logical_test'에 [I5] 셀을 클릭한 후 '>=90'을, 'Value_if_true'에 'A'를 입력하고 두 번째 조건을 입력하기위해 'Value_if_false'은 다음 조건을 입력하기 위해 왼쪽 상단의 함수 상자의 목록 단추 (▼)를 클릭하여 함수 목록에서 'IF'를 선택합니다. 함수 목록에 함수가 없다면 [함수 추가]를 선택합니다.

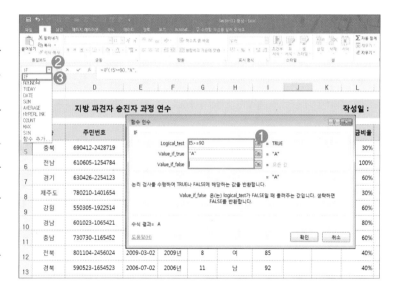

03 IF의 [함수 인수] 대화상자가 열리면 'Logical_test'에 [I5] 셀을 클릭한 후 '>=80'을, 'Value_if_true'에 'B'를 입력하고 'Value_if_false' 입력창을 클릭합니다. 다음 조건을 입력하기 위해 왼쪽 상단의 함수 상자의 목록 단추 (▼)를 클릭하여 함수 목록에서 'IF'를 선택합니다.

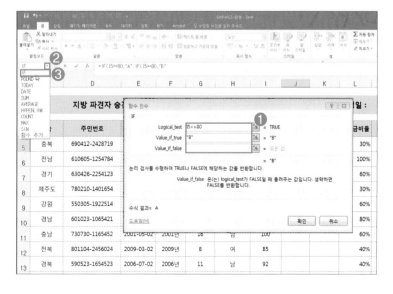

04 세 번째 IF의 [함수 인수] 대화상자가 열리면 'Logical_test'에 [I5] 셀을 클릭한 후 '>=70'을 입력합니다. 'Value_if_true'에 'C'를 입력하고 마지막 조건 값은 'Value_if_false' 입력창에 'D'를 입력한 후 [확인]을 클릭합니다.

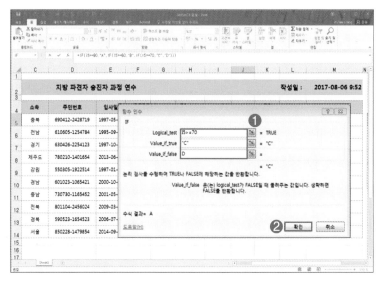

05 [J5] 셀의 자동 채우기 핸들(+)을 더블클릭하여 나머지 수식을 복사합니다. 서식은 복사되지 않도록 하기 위해 [자동 채우기] 옵션을 클릭하여 '서식 없이 채우기'를 선택합니다.

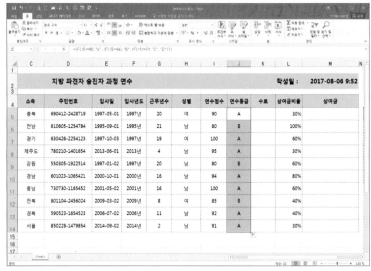

알아두기 | **조건에 만족하는 값을 구하는 IF 함수**

- 단순 IF : IF(조건, 참, 거짓)

  예 IF(I5>=90,"수료","미수료") : [I5] 값이 '90'점 이상이면 '수료'이고 아니면 '미수료'

- 다중 IF : IF(조건, 참,IF(조건, 참, 거짓))

  예 IF(I5>=90,"수료",IF(I5>=80,"재시험","미수료") : [I5] 값이 '90'점 이상이면 "수료"이고, [I5] 값이 80점 이상이면 "재시험", 나머지는 "미수료"

- 조건이 두 개이상 (~이면서, 이고) – 두 조건이 모두 만족하는 경우 : IF(AND(조건1,조건2,조건3,....),참,거짓)

  예 IF(AND(I5>=90, J5="합격"),"수료","미수료") : [I5] 값이 '90점 이상'이고 [J5] 값이 '합격'인 경우 '수료' 아니면 '미수료'

- 조건이 두 개이상 (~이거나, 또는) – 두 조건중 하나만 만족해도 참인 경우 : IF(OR(조건1,조건2,조건3,....),참,거짓)

  예 IF(OR(I5>=90, J5="합격"),"수료","미수료") : [I5] 값이 '90점 이상'이거나 [I5] 값이 '합격'인 경우 '수료' 아니면 '미수료'

06 '수료'는 '연수 점수'가 '95점'이고 '연수등급'이 'A'이면 '수료'로 표시하기 위해 [K5] 셀을 클릭하여 '=IF('를 입력한 후 수식입력줄의 *fx*를 클릭하여 나타난 대화상자에서 두 조건을 만족하는 AND 함수를 불러오기 위해 'Logical_test'의 입력창을 클릭하고 '함수 상자'의 목록 단추를 클릭합니다. 목록에 'AND' 함수가 없으므로 '함수 추가'를 선택합니다.

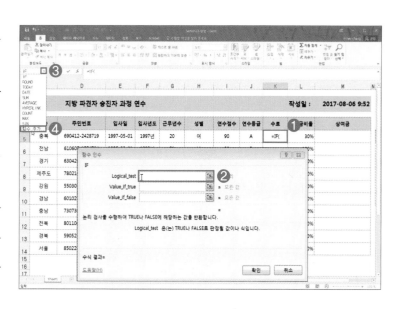

07 [함수 마법사] 대화상자에서 '범주 선택'을 '논리'로 선택한 후 '함수 선택'에서 [AND]를 선택하고 [확인]을 클릭합니다.

08 AND의 [함수 인수] 대화상자에서 'Logical1' 입력창에 [I5] 셀을 클릭한 후 '>=90'점을 입력하고, 'Logical2' 입력창에 [J5] 셀을 클릭'한 후 '="A"'를 입력합니다. 다시 'IF' 함수로 되돌리기 위해 수식 입력 줄의 'IF' 함수를 클릭합니다.

Tip AND : 두 조건이 모두 만족할때
AND(조건1, 조건2, 조건3) 만족하면 TRUE,
아니면 FLASE 값 표시

09 IF의 [함수 인수] 대화상자에서
'Value_if_true' 입력창에 '수료'를
입력하고, 조건에 만족하지 않으면
빈 공간으로 두기 위해 'Value_if_
false' 입력창에는 ""를 입력하고
[확인]을 클릭합니다.

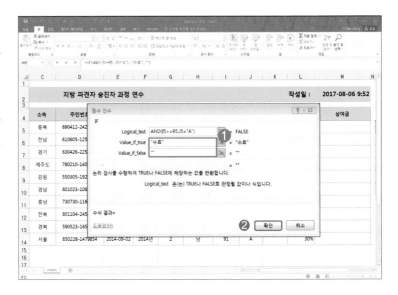

10 [K5] 셀의 자동 채우기 핸들(+)을
더블클릭하여 나머지 수식을 복사
합니다.

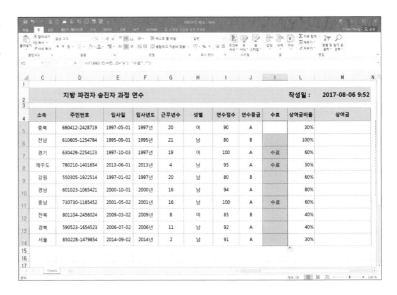

알아두기 | **호환성 함수**

호환성 함수는 엑셀 2007 버전 및 이전 버전에 사용하던 함수들로 함수명 앞에 노란 아이콘이 표시되어 있습니다. Excel
2010 이상에서 함수의 정확하고 해당 용도를 쉽게 이해할 수 있는 새 함수로 바뀌었습니다.

이전 버전과의 호환성이 필요 없는 경우에는 새 함수를 사용하고 호환성이 필요한 경우에는 [수식] 탭의 [라이브러리] 그룹
에서 [함수 더 보기]의 '호환성 함수'를 사용해야 합니다.

기준표에서 비율 가져오기

01 '상여금 지급 기준표'를 기준으로 '상여금비율'에 따른 상여금을 구하기 위해 [M5] 셀을 클릭합니다. '=vl'를 입력한 후 수식 목록에서 'vlookup'을 더블클릭하여 수식을 열고 *fx*를 클릭합니다.

> **Tip** [수식] – [함수 라이브러리] – [찾기/참조영역] – vlookup을 클릭합니다.

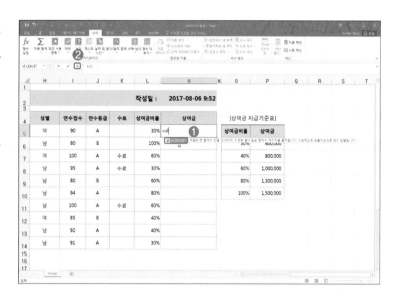

02 VLOOKUP의 [함수 인수] 대화상자에서 'Lookup_value'에 [L5] 셀을 클릭합니다.

> **Tip** '상여금 지급 기준표'를 보면 '상여금비율'에 의해 '상여금'이 지급되므로 찾는 값으로는 '상여금 비율'인 'L5'를 클릭합니다.

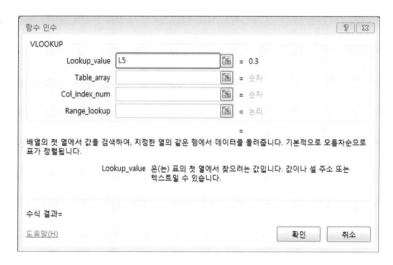

03 VLOOKUP의 [함수 인수] 대화상자에서 'Table_array'에는 '상여금 지급 기준표'인 [O6:P10] 셀을 드래그하여 영역을 설정한 후 F4를 눌러 절대참조([$O$6: $P$10])로 변경합니다.

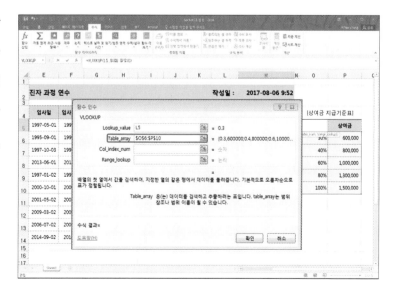

04 'Col_index_num'에는 '상여금 지급기준표'에서 '상여금'은 두 번째 열에 있으므로 '2'를 입력한 후 'Range_lookup'에는 '0'을 입력한 후 [확인]을 누릅니다.

> **Tip** 'Range_lookup'에는 검색 기준값과 정확하게 일치하는 데이터를 검색하려면 '0'을 입력, 근사값을 찾을려면 '1'을 입력합니다.

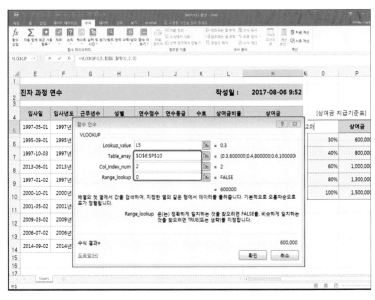

05 [M5] 셀의 자동 채우기 핸들(+)을 더블클릭하여 나머지 수식을 복사합니다. 서식은 복사되지 않도록 하기 위해 '자동 채우기' 옵션을 클릭하여 '서식 없이 채우기'를 선택합니다.

알아두기 | 찾기/참조 함수

● VLOOKUP : 기준 테이블의 데이터가 열 단위로 배치된 경우

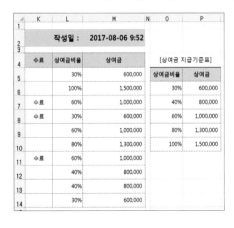

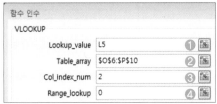

vlookup의 찾는 값		테이블 셀 범위 잡기
0 또는 true	값과 찾는 값이 하나씩 일때 바나나 - 100 사과 - 200	테이블의 셀 범위는 찾는 값이 첫 열이 되도록 범위 설정하여야 한다.
생략 또는 flase	여러 개의 값이 하나의 찾는 값을 가질 때 0~10 - A 11~20 - B	

● HLOOKUP : 기준 테이블의 데이터가 행으로 배치된 경우

[상여금 지급기준표]

상여금비율	30%	40%	60%	80%	100%
상여금	600,000	800,000	1,000,000	1,300,000	1,500,000

■ INDEX, MATCH 함수

Vlookup함수는 찾는 값이 테이블 범위의 왼쪽 열을 기준으로 값을 찾는 단점이 있지만, Index함수는 검색을 왼쪽 열로 제한하지 않으며 Match함수와 조합하여 사용합니다.

● INDEX(범위,행,열) : 범위에서 행열에 교차하는 값 표시

※ 판매금액이 가장 큰 품명 ⇒ 판매금액이 가장 큰 품명을 구하시오.
　　=INDEX(B5:F10,MATCH(MAX(E5:E10),E5:E10,0),1)의 경우

	범위	행			열
index(	B5:F10	MATCH(MAX(E5:E10), E5:E10,0)			1
		MATCH(	MAX(E5:E10)	E5:E10,0)	
			가장 큰 값 찾기	큰 값이있는 행 위치	품명이 있는 열 위치

· MATCH(찾는 값,배열 범위,검색 방법) : 찾는 값을 범위에서 찾아 상대 위치 값 표시
· 검색방법 1 : 검색 값 보다 작거나 같은 값 중 최대값 찾음(오름차순 정렬)
· 검색방법 0 : 검색 값 보다 크거나 같은 값 중 최소값을 찾음(내림차순 정렬)

127

❖ 완성파일 : Section11-기초-완성.xlsx

01

'Section11-기초.xlsx' 파일의 '재수강율분석' 시트를 열고 다음의 조건대로 작성하시오.

조건

① 작성일 : 현재 시스템날짜를 표시하시오.

② 재수강율 낮은 순위 : 작성일 : 재수강율이 낮은 순으로 표시하시오.

③ 비고 : 강사코드 1번째 문자가 "A"이면 '오전반', "S"이면 '오후반', "T"이면 '야간반'으로 표기하시오.

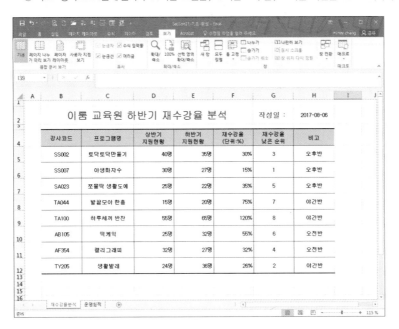

힌트

- Today( )
- Rank.EQ
- if, Left 함수

02

'Section11-기초.xlsx' 파일의 '운영실적' 시트를 열고 다음의 조건대로 작성하시오.

조건

① 개강 수 : 강사코드의 뒤에서 첫 번째 문자로 표시한 후, 뒤에 '개강'을 추가하시오.

② 총근무년수 : 현재 날짜의 연도에서 입사일의 연도를 뺀 날짜를 표시하시오.

③ 추가수당 : 개강수가 4이면 '1000000'원을 개강수가 3이면 '750000'원을 그 이하는 '500000'원을 표시하고, 통화표시를 하시오.

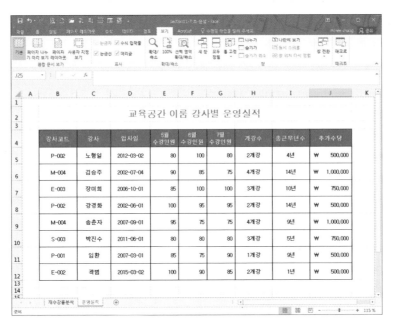

 힌트

- Right 함수, "&" 연산자 사용
- Year( ), Now( ) 함수, "&" 연산자 사용
- if 함수

심화문제

❖ 완성파일 : Section11-심화-완성.xlsx

01

'Section11-심화.xlsx' 파일의 '대회결과' 시트를 열고 다음의 조건대로 작성하시오.

조건

① 평가 : '모델링'과 '시제품화' 모두 '90점'이상이면 '2차선발'을 표시하시오.

② 순위 : '총점'이 높은 순으로 순위를 구하시오.

③ '모델링' 점수가 '90점' 이상인 참가자 수를 구하시오.

④ 평가(I13) : '노형원(G13)' 지원자의 '총점'을 VLOOKUP 함수를 이용하여 구하시오.

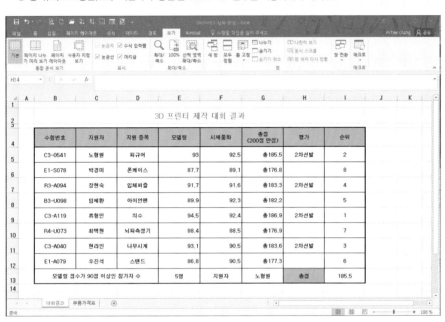

힌트

- if, AND 함수
- Rank.EQ
- Countif 함수
- VLookup 함수

02

'Section11-심화.xlsx' 파일의 '부품가격표' 시트를 열고 다음의 조건대로 작성하시오.

조건

① 이름정의 : 'K5:O6'까지 '할인율'로 이름을 정의하시오.

② 할인율(%) : '할인율기준표'의 이름정의(할인율)를 이용하여 판매수량에 대한 할인율을 구하시오.

③ 부가세 단위:(백) : '정상가와 판매수량의 곱한 값에 10%를 구하시오. 십단위에서 반올림하여 백단위로 표시하시오.

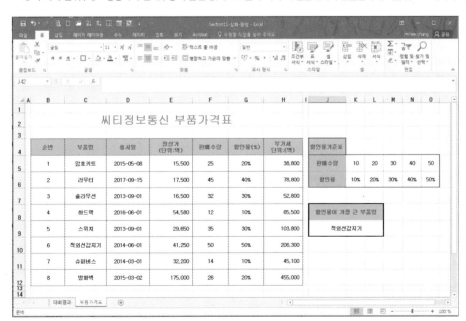

힌트

- HVLookup 함수
- Round 함수

129

12
SECTION

데이터 관리를 위한 데이터 가공

엑셀을 다루면서 데이터 관리의 어려운 점은 기본 데이터가 엑셀 형식과 달라 잘못된 결과를 얻는 경우입니다. 가장 기본적인 데이터의 형식이 잘못되었다면 함수를 사용하거나 데이터 관리를 해도 원하는 결과를 얻기가 어렵습니다. 특히 외부 데이터를 가져오는 경우 대부분 이 과정을 거쳐야 하며 엑셀 데이터는 엑셀 형식에 맞게 작성해야 좋은 결과를 얻을 수 있습니다.

PREVIEW

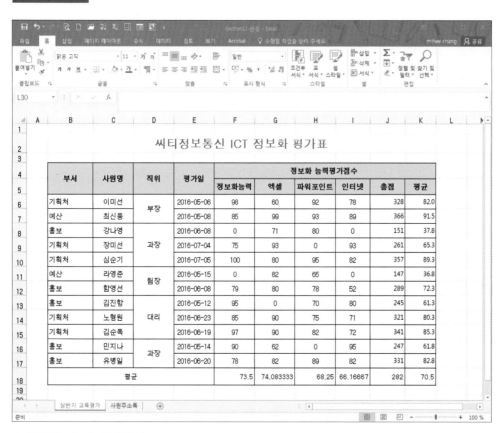

▲ 완성파일 : Section12-완성.xlsx

학습내용

실습 01 바꾸기로 공백 제거하기

실습 02 외부 데이터 가져오기

실습 03 텍스트 나누기

체크포인트

● 불필요한 공백을 제거하여 올바른 데이터로 바꿉니다.

● 특정한 단어나 기호를 다른 단어나 기호로 바꾸어 봅니다.

● [텍스트 가져오기]로 텍스트 파일을 엑셀파일로 가져옵니다.

● [텍스트 나누기]로 데이터를 여러 셀에 나누어 입력해 봅니다.

● [텍스트 나누기]로 숫자데이터를 날짜데이터로 바꾸어 봅니다.

바꾸기로 공백 제거와 특정한 단어 바꾸기

▼ 준비파일 : Section12.xlsx

01 [데이터] 탭의 [정렬 및 필터] 그룹에서 [필터]를 클릭합니다. '부서' 필드를 클릭해보면 데이터가 같은 부서임에도 공백이 삽입되어 있어 별개의 부서로 구분이 되고 있습니다.

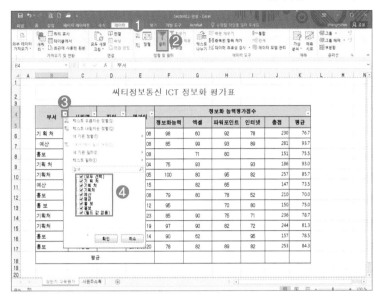

02 '부서(B6:B17)' 필드의 데이터의 공백을 제거하기 위해 '부서(B6:B17)' 필드를 드래그하여 영역 지정한 후 [홈] 탭의 [편집] 그룹의 [찾기 및 선택 🔍]의 '바꾸기 ⟳'를 클릭합니다.

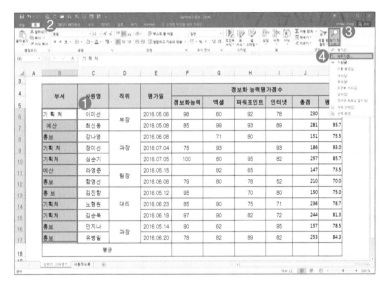

03 [찾기 및 바꾸기] 대화상자의 [바꾸기] 탭의 '찾을 내용'을 클릭한 후 Space Bar 를 한 번 눌러 공백을 삽입합니다. '바꿀 내용'에는 아무것도 입력하지 않고 [모두 바꾸기]를 클릭합니다. [확인]을 클릭한 후 [찾기 및 바꾸기] 대화상자는 [닫기]를 클릭합니다.

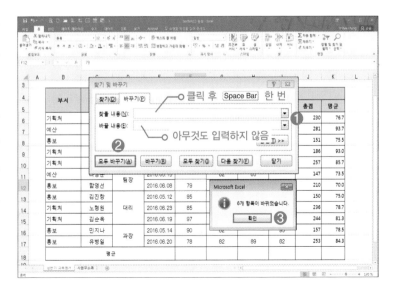

04 '부서(B6:B17)' 필드의 데이터들이 불필요한 공백이 제거되어 목록이 정리가 되었습니다.

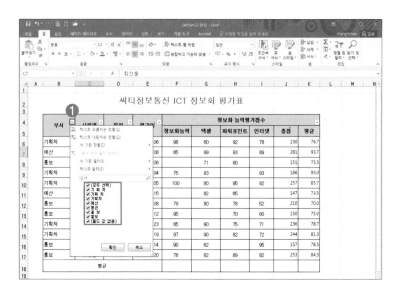

05 '평가일' 필드에서 [E6] 셀을 클릭한 후 수식 입력줄을 보면 날짜데이터가 아닌 문자로 입력되어 있습니다. '평가일'을 날짜 데이터로 바꾸기 위해 '평가일(E6:17)'을 영역 지정한 후 [홈] 탭의 [편집] 그룹에서 찾기 및 선택(🔍)의 바꾸기(🔁)를 클릭합니다.

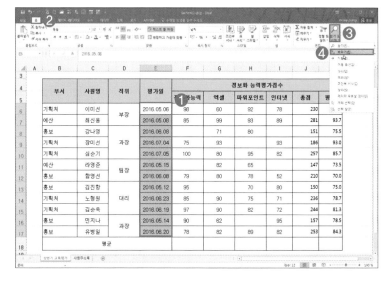

06 [찾기 및 바꾸기] 대화상자가 열리면 [바꾸기] 탭의 '찾을 내용'에 '마침표(.)'를 입력합니다. '바꿀 내용'에는 '하이픈(−)'을 입력한 후 [모두 바꾸기]를 클릭합니다. '바꾸기'가 실행되고 나면 [확인]을 클릭한 후 [찾기 및 바꾸기] 대화상자는 [닫기]를 클릭합니다.

07 '평가일(E6:17)'의 데이터가 날짜 형식으로 변경되었습니다.

08 [F6:I17] 영역의 빈 셀들만 선택한 후 빈 셀에 '0'을 한꺼번에 입력하기 위해 [F6:I17] 셀을 드래그하여 영역 설정을 한 후 [홈] 탭의 [편집] 그룹에서 찾기 및 선택(🔍)의 '이동 옵션'을 선택합니다.

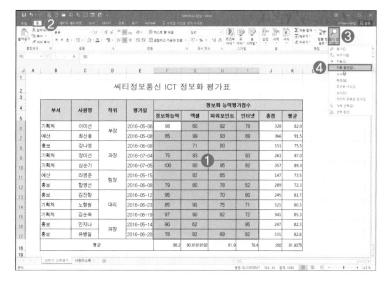

09 [이동 옵션] 대화상자에서 '빈 셀'을 선택한 후 [확인]을 클릭합니다.

> Tip
> • 빈셀 : 빈 셀 선택 수식에 의한 빈 셀 제외
> • 현재 셀이 있는 영역 : 선택된 셀을 중심으로 빈 행과 빈 열 전 까지의 모든 데이터 영역을 선택
> • 현재 셀이 있는 배열 : 배열 데이터 선택
> • 개체 : 그래픽 개체 선택

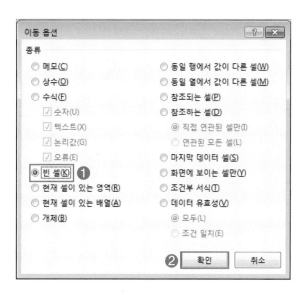

133

10 [F6:I17] 셀 영역에서 '빈 셀'들이 한 꺼번에 선택되었습니다.

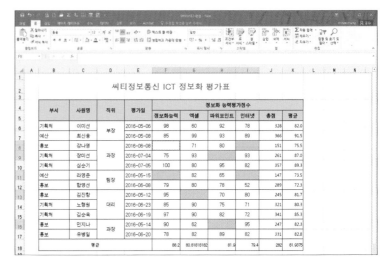

11 빈 셀들이 선택된 상태에서 '0'을 입 력한 후 Ctrl + Enter 를 누릅니 다. 영역 설정된 곳에 한꺼번에 입 력이 됩니다.

Tip Ctrl + Enter : 여러 범위에 한꺼번에 입 력할 때

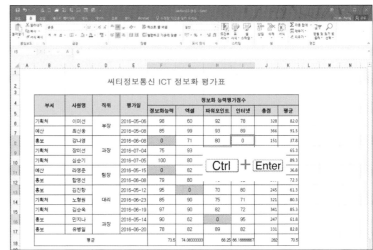

알아두기 | 이동 옵션

이동옵션을 이용하면 텍스트(상수), 수식, 메모, 빈 셀, 화면에 보이는 셀 만, 개체 등을 종류별로 데이터를 선택 할 수 있다.

❶ 메모 : 선택된 셀 범위 또는 선택된 워크시트에서 메모가 입력된 셀 선택

❷ 상수 : 수식을 제외한 데이터 입력 셀 선택

❸ 수식 : 숫자, 텍스트, 논리 값, 오류 등 선택

❹ 동일 행에서 값이 다른 셀 : 선택된 같은 행에서 값이 다른 셀

❺ 동일 열에서 값이 다른 셀 : 선택된 같은 열에서 값이 다른 셀

❻ 참조되는 셀 : 현재 셀의 수식에서 사용하고 있는 셀

❼ 참조하는 셀 : 현재 셀을 사용해서 수식이 입력된 셀

❽ 마지막 데이터 셀 : 현재 워크시트에서 사용된 마지막 셀의 다음 셀

❾ 화면에 보이는 셀만 : 숨겨진 행이나 열은 제외, 보이는 셀

❿ 조건부 서식 : 조건부 서식이 설정된 셀만 선택한다.

⓫ 데이터 유효성 : 데이터 유효성 검사가 설정된 셀

실습 02 외부 데이터 가져오기

01 '사원주소록' 시트를 열고 '사원주소록' 텍스트 파일을 엑셀 파일로 가져오기 위해 [데이터] 탭의 [외부 데이터 가져오기] 그룹에서 텍스트(📋)를 클릭합니다. [텍스트 파일 가져오기] 대화상자가 열리면 '사원주소록' 파일을 선택한 후 [가져오기]를 클릭합니다.

02 [텍스트 마법사 – 3단계 중 1단계]대화상자에서 '구분 기호로 분리됨'을 선택한 후 [다음]을 클릭합니다. '미리보기' 창의 데이터를 보면 '쉼표(,)'로 필드들이 구분되어 있습니다.

> **Tip** [텍스트 마법사 – 3단계 중 1단계] 대화상자의 '미리보기'를 보면 공백 또는 구분 기호로 나뉘어 있는지 확인이 가능합니다.

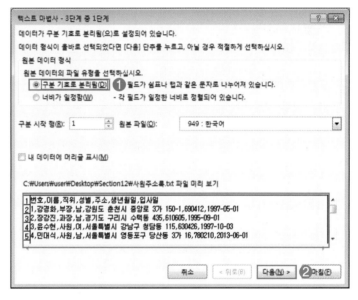

03 텍스트 마법사 – 3단계 중 2단계]대화상자에서 '구분 기호'를 '쉼표'로 선택한 후 [다음]을 클릭합니다. '데이터 미리 보기' 창에서 '쉼표'로 구분되어 있던 데이터가 필드명 별로 구분되었습니다.

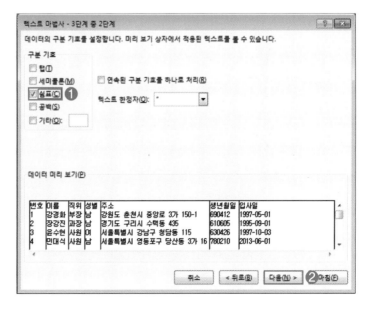

135

04 [텍스트 마법사 – 3단계 중 3단계]
대화상자에서 '생년월일' 서식이 숫
자 형식으로 표시되고 있어 '날짜'
형식으로 바꾸기 위해 '데이터 미리
보기' 창에서 '생년월일' 열을 클릭
한 후 '열 데이터 서식'에서 '날짜(년
월일)'을 선택한 후 [마침]을 클릭합
니다.

> **Tip** '열 가져오지 않음(건너뜀)'을 선택하면 데이
> 터 가져오기에서 제외됩니다.

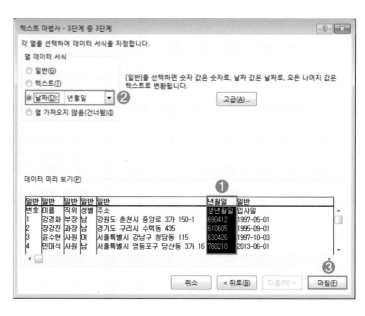

05 [데이터 가져오기] 대화상자에서
'기존 워크시트'의 입력 창을 클릭한
후 [B2] 셀을 선택하고 [확인]을 클
릭합니다.

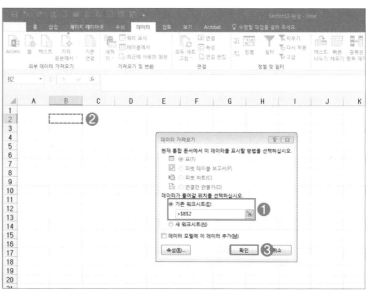

06 [B2] 셀부터 텍스트 파일이 엑셀파
일로 변환되어 '텍스트 가져오기'가
완료됩니다.

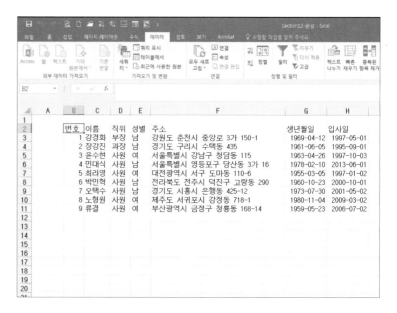

텍스트 나누기

01 '주소(F3:F11)' 필드의 데이터를 보면 주소가 하나의 셀에 입력되어 있습니다. '주소' 필드를 보면 최대 5개의 단어로 이루어져 있습니다. 하나의 셀을 여러 셀에 나누기 위해 필요한 열을 먼저 삽입해야 합니다. 삽입 열을 미리 만들지 않으면 오른쪽 열의 데이터에 덮어 입력됩니다.

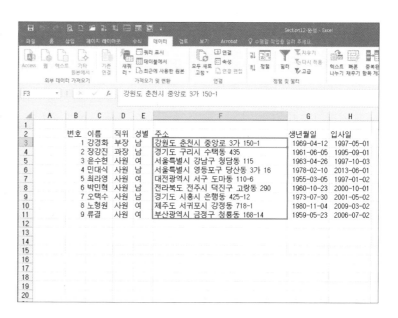

02 [G:K] 열을 드래그하여 영역 설정 후 마우스 오른쪽 단추를 눌러 [삽입]을 클릭합니다.

> **Tip** 주소필드를 포함형 5열을 만들게 되므로 [G:J] 열까지만 드래그해도 되며, 여러 열을 영역 설정 후 삽입하면 영역 설정한 열 갯수만큼 삽입이 됩니다.

03 [G:K] 열이 영역 지정된 상태에서 열의 너비를 조절합니다.

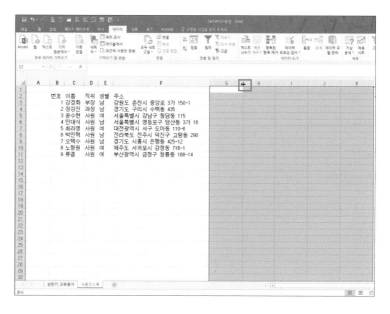

04 '주소(F3:F11)' 필드를 드래그하여 영역 지정한 후 [데이터] 탭의 [데이터 도구] 그룹에서 텍스트 나누기 (🖻)를 클릭합니다.

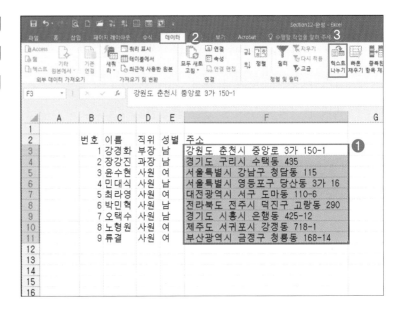

05 [텍스트 마법사 – 3단계 중 1단계]대화상자에서 '구분 기호로 분리됨'을 선택한 후 [다음]을 클릭합니다. '미리보기' 창의 데이터를 보면 '공백'으로 필드들이 구분되어 있습니다.

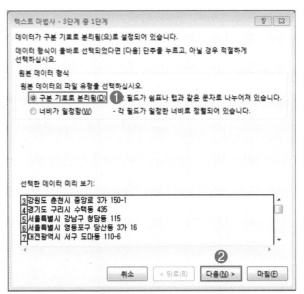

06 [텍스트 마법사 – 3단계 중 2단계] 대화상자에서 '구분 기호'는 '공백'으로 선택한 후 [다음]을 클릭합니다. '데이터 미리 보기' 창에서 '공백'으로 구분되어 있던 데이터가 필드별로 나뉘었습니다.

07 [텍스트 마법사 – 3단계 중 3단계] 대화상자에서 설정할 내용이 없으면 [마침]을 클릭합니다.

> **Tip** '열 가져오지 않음(건너뜀)'을 선택하면 데이터는 제외됩니다.

08 '주소' 필드의 주소가 각 셀에 분리되었습니다. 필요 없는 열은 삭제합니다.

알아두기 ## 텍스트 나누기 – 너비가 일정함으로 나누기

❶ 텍스트 마법사 –3단계 중 1단계에서 '너비가 일정함'을 선택합니다.

❷ 텍스트 마법사 –3단계 중 2단계에서 '데이터 미리 보기'의 눈금선에 클릭하면 화살표가 표시됩니다. 데이터를 나눌 부분을 클릭하여 화살표를 추가합니다. 너비가 일정한 경우에는 사용자가 원하는 길이만큼 지정하여 나누기가 가능합니다.

❸ 구분 화살표를 삭제하려면 눈금 밖으로 드래그합니다.

기초문제

❖ 완성파일 : Section12-기초-완성.xlsx

01

'Section12-기초.xlsx' 파일의 '평가결과표'시트를 열고 다음의 조건대로 작성하시오.

조건

① '성명(B5:B14)' 필드의 '님'자를 삭제하세요.

② '연수등급(F5:F14)' 필드의 동일 열에서 값이 다른 셀을 찾아 삭제하세요.

③ '수료(G5:G14)' 필드의 빈 셀 영역에 '미수료'를 입력하세요.

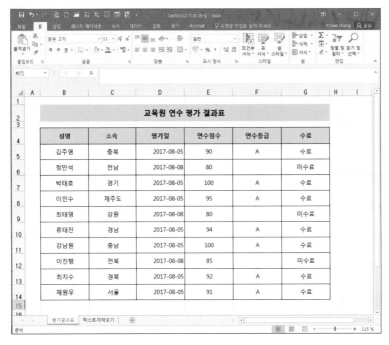

힌트

• 성명 필드 영역 설정 : [홈] 탭의 [편집] 그룹에서 [찾기 및 바꾸기]

• 연수등급 필드 영역 설정 : [[홈] 탭의 [편집] 그룹에서 [이동 옵션] – '동일 열에서 값이 다른 셀'

• 수료필드 영역 설정 : [홈] 탭의 [편집] 그룹에서 [이동 옵션]–'빈 셀' –'미수료' 입력 후 Ctrl + Enter

02

'Section12-기초.xlsx' 파일의 '텍스트가져오기' 시트를 열고 다음의 조건대로 작성하시오.

조건

① '연수평가표.prn' 파일을 가져오세요.

② 첫 열은 제외하고 [B2] 셀에 가져오세요.

힌트

• [데이터] 탭의 [외부 데이터 가져오기]– [텍스트] –[구분 기호로 분리됨]–[공백]

• [텍스트 가져오기 – 3단계 중 3단계]–[첫 열]선택 – '열 가져오지 않음(건너뜀)' 선택

심화문제

❖ 완성파일 : Section12–심화–완성.xlsx

01

'Section12–심화.xlsx' 파일의 '사업장소개' 시트를 열고 다음의 조건대로 작성하시오.

조건

① '사업장소개.TXT' 파일을 '사업장 소개'워크시트 [B2] 셀에 가져오시오.(모든 데이터는 탭으로 분리 되어 있음)

② '개업연월일(C3:C10)'을 텍스트 나누기 기능을 이용하여 '날짜(연월일)' 형식으로 바꾸시오.

③ '교육매출(E3:E10)' 필드의 단위 '천원'을 '000'으로 바꾸시오.

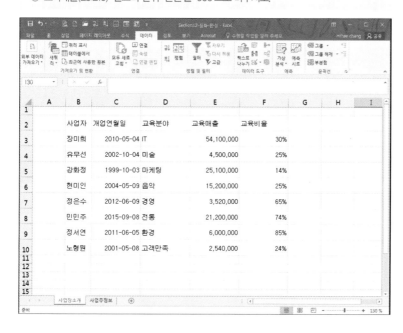

힌트

· [데이터]–[외부 데이터 가져오기]–[텍스트]
· [데이터]–[데이터 도구]–[텍스트 나누기]–'개업연월일'–날짜(연월일)
· [홈] 탭의 [편집] 그룹에서 [찾기 및 선택]–'바꾸기' – '찾을 내용 : 천원','바꿀 내용 : 000'

02

'Section12–심화.xlsx' 파일의 '사업주정보' 시트를 열고 다음의 조건대로 작성하시오.

조건

① '교육장소(C3:C10)' 필드의 주소를 텍스트 나누기를 이용하여 분리하시오.

② '이메일(E3:E10)' 필드의 주소를 텍스트 나누기를 이용하여 분리하시오.

힌트

· [데이터] 탭의 [데이터 도구] 그룹에서 [텍스트 나누기]–'공백'–3단계 중 3단계–[두번째 열]선택 – '텍스트'형식 선택(번지는 텍스트 나누기를 하면 날짜 형식으로 바뀌기 때문에 텍스트 형식으로 가져옴)
· [텍스트 가져오기 – 3단계 중 2단계]–[구분 기호–기타]선택 – '@'

13
SECTION

데이터 유효성 검사

데이터의 입력이 잘못되면 데이터의 관리나 분석에서 원하는 정보를 얻기 어렵습니다. 데이터 유효성 검사는 데이터의 입력제한으로 오타, 입력 제한, 중복 데이터의 제한 등 유효성 검사기능을 이용해 데이터의 규칙을 미리 지정하여 오류를 방지하는 기능입니다.

PREVIEW

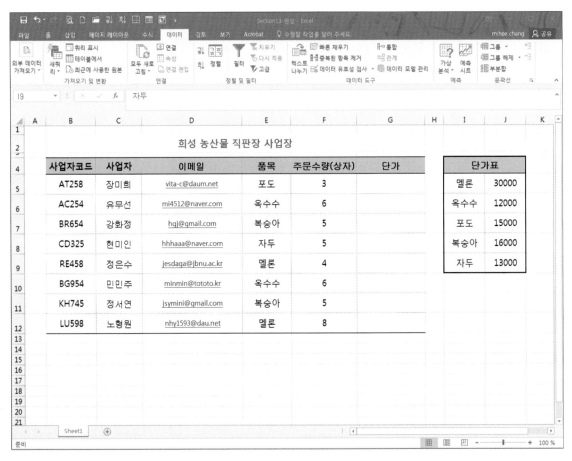

▲ 완성파일 : Section13-완성.xlsx

학습내용

실습 01 텍스트 길이와 IME 모드 제한하기

실습 02 목록으로 데이터 제한하기

체크포인트

● [데이터] 탭의 [유효성 검사]를 이용해 입력되는 텍스트의 길이를 제한하고 영문과 한글의 기본 입력 형식을 설정합니다.

● 목록상자로 데이터를 입력할 수 있도록 제한합니다.

● 특정 열에 동일한 데이터가 입력될 수 없도록 제한합니다.

텍스트 길이와 IME 모드 제한하기

▼ 준비파일 : Section13.xlsx

01 '사업자코드'의 텍스트 길이를 '5'자리만 입력될 수 있도록 제한하기 위해 '사업자코드(B5:B12)'를 영역 지정한 후 [데이터] 탭의 [데이터 도구] 그룹에서 데이터 유효성 검사(☑)를 클릭합니다.

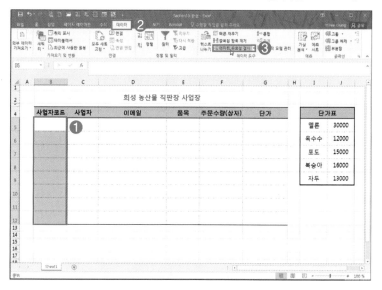

02 [데이터 유효성] 대화상자가 열리면 [설정] 탭의 '제한 대상'의 목록 단추를 클릭하여 '텍스트 길이'를 선택합니다.

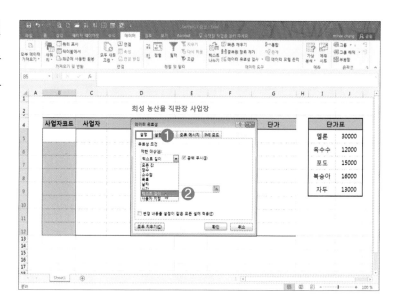

03 텍스트 길이를 다섯 자리만 입력되도록 하기 위해 '제한 방법'의 목록 단추를 클릭한 후 '='을 선택하고, '길이'의 입력란에 '5'를 입력한 후 [확인]을 클릭합니다.

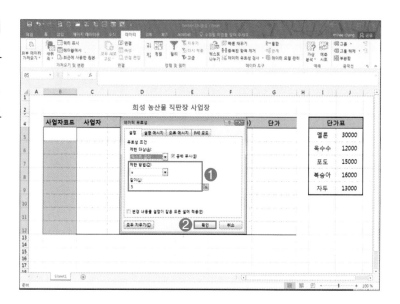

143

04 '사업자코드(B5:B12)'에 코드를 입력합니다. 코드가 5자리인 경우에는 입력이 됩니다. [B8] 셀은 7자리를 입력하면 유효성에 벗어났으므로 오류 경고창이 실행됩니다. [다시 시도]를 클릭하면 입력할 수 있습니다.

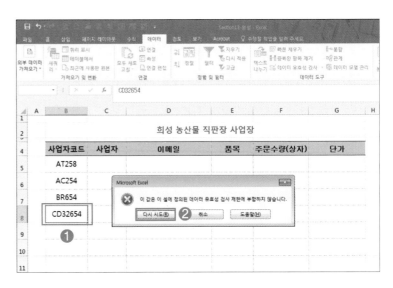

05 '사업자' 필드의 기본 값을 '한글'로 설정해 보기 위해 '사업자코드(C5:C12)'를 영역 지정한 후 [데이터] 탭의 [데이터 도구] 그룹에서 데이터 유효성 검사(📝)를 클릭합니다.

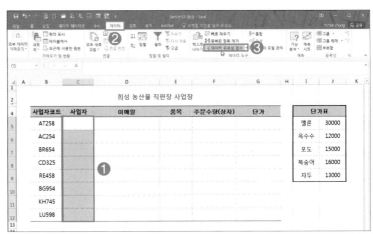

06 [데이터 유효성] 대화상자의 [IME 모드] 탭-[모드] 목록 단추를 클릭하여 '한글'을 선택하고 [확인]을 클릭합니다. '사업자코드(D5:D12)'를 영역 지정한 후 [IME 모드] 탭 탭-[모드] 목록 단추를 클릭하여 '영문'을 선택하고 '사업자' 필드에서 사업자 이름을 입력한 후 '이메일' 필드로 이동하면 '한영'키를 누르지 않고 바로 영문을 입력할 수 있습니다. '이메일'을 입력하고 '사업자'로 이동하면 '한영'키 전환없이 한글을 입력할 수 있습니다.

01 '품목' 필드는 목록 상자를 이용해 입력하기 위해 '품목(E5:E12)'을 영역지 정한 후 [데이터] 탭의 [데이터 도구] 그룹에서 데이터 유효성 검사(☑)를 클릭합니다. [데이터 유효성] 대화상자가 열리면 [설정] 탭의 [제한 대상]의 목록 단추를 클릭하여 '목록'을 선택합니다.

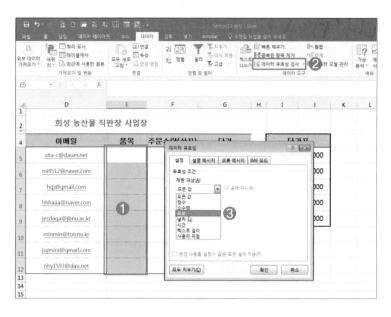

02 [데이터 유효성] 대화상자의 '원본'의 입력란에 '멜론,옥수수,포도,복숭아,자두'를 입력하고 [확인]을 클릭합니다.

> **Tip** 항목과 항목은 쉼표(,)로 구분합니다.

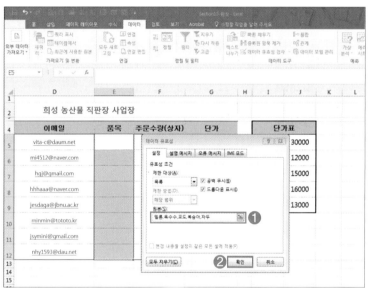

03 [E5] 셀을 클릭하여 목록 단추를 누르면 항목이 나열됩니다. 입력할 항목을 선택합니다.

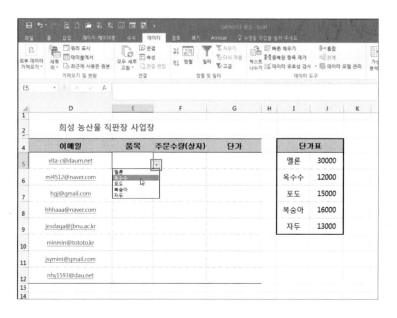

04 '주문수량(상자)' 필드는 정수 값으로 입력을 받아 '3' 이상 값만 입력 제한을 합니다. '주문수량(상자) (F5:F12)'를 영역 지정한 후 [데이터] 탭의 [데이터 도구] 그룹에서 데이터 유효성 검사(☑)를 클릭합니다. [데이터 유효성] 대화상자가 열리면 [설정] 탭의 '제한 대상'의 목록 단추를 클릭하여 '정수'를 선택합니다.

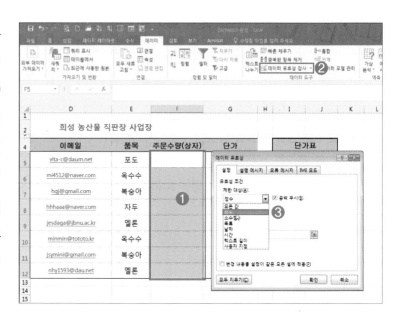

05 [데이터 유효성] 대화상자가 열리면 [제한 방법]의 목록 단추를 클릭하여 '>='를 선택하고 '최소값'의 입력 창에는 '3'을 입력합니다.

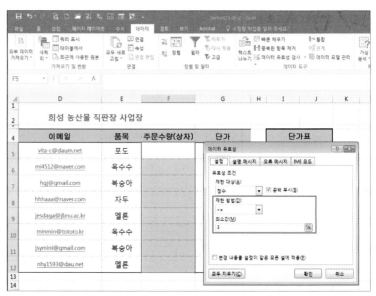

06 '주문수량(상자)'의 셀에 데이터를 입력할 때 설명 메시지를 표시하기 위해 [설명 메시지] 탭의 '설명 메시지'에 '3상자 이상 주문하세요'를 입력합니다.

> **Tip** 설명 메시지 :
> 셀에 노란 말풍선을 생선

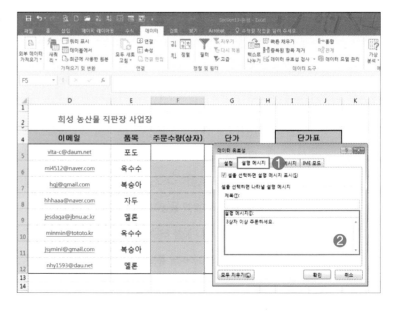

07 '주문수량(상자)'의 셀에 데이터를 유효성검사에 맞지 않게 입력한 경우 오류 메시지를 표시합니다. [오류 메시지] 탭의 '스타일'은 '중지', '제목'은 '입력오류', '오류 메시지'에는 '3상자 이상 주문 가능 합니다. 그 이하는 담당자에게 문의 하세요'를 입력하고 [확인]을 클릭합니다.

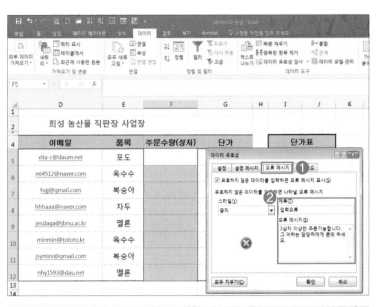

08 '주문수량(상자)'필드 셀에 데이터를 입력합니다. 3 이하로 입력이 잘못되면 '입력오류'창이 열립니다. '다시 시도'를 클릭하면 다시 입력이 가능합니다.

Tip 오류 메시지
중지 : 데이터의 입력 제한
경고 · 정보 : 데이터 입력 가능

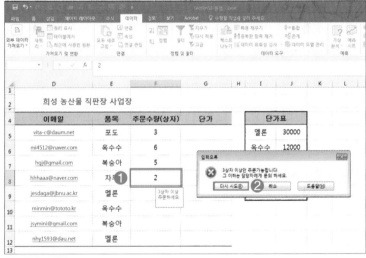

알아두기 | **여러 방법의 목록 범위 지정하기**

❶ 셀에 입력되어 있는 값을 참조할 경우
• [데이터 유효성] – [설정] 탭의 '제한 대상'의 목록단추를 클릭하여 '목록'으로 선택합니다.
• '원본'의 입력창에 클릭한 후 '셀 범위'를 드래그합니다.

❷ 이름정의 값을 참조할 경우
• 데이터 범위를 이름정의를 합니다.
• [데이터 유효성] – [설정] 탭의 '제한 대상'의 목록단추를 클릭하여 '목록'으로 선택합니다.
• '원본'의 입력창에 클릭한 후 '=이름'을 입력합니다.

❖ 완성파일 : Section13-기초-완성.xlsx

01 'Section13-기초.xlsx' 파일의 '방과후교육안내' 시트를 열고 다음의 조건대로 작성하시오.

조건

① '모집인원(D5:D12)'의 필드는 '30명 이상 100명 이하'로 입력할 수 있도록 데이터 유효성 검사를 설정하시오.

② '교육시작일(G5:G12)'의 필드는 '2017년 5월 1일 ~ 2017년 5월 7일'까지만 입력할 수 데이터 유효성 검사를 설정하시오.

③ '교육시작일(G5:G12)'의 필드에 '5월 1일 ~ 5월 7일 사이의 교육시작일을 입력하세요' 라는 설명메시지를 입력하시오.

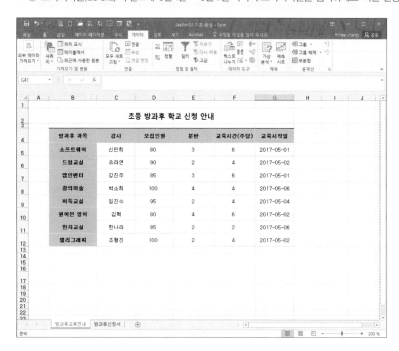

힌트

• 제한대상 : 정수, 제한방법 : 해당 범위

• 제한대상 : 날짜, 제한방법 : 해당 범위

• 설명 메시지

02 'Section13-기초.xlsx' 파일의 '방과후신청서' 시트를 열고 다음의 조건대로 작성하시오.

조건

① [C5] 셀의 학년은 '1학년,2학년,3학년,4학년,5학년,6학년'을 선택할 수 있도록 데이터 유효성 검사를 설정하시오.

② [E4,E5,E6] 셀은 '방과후교육안내'시트의 '방과후 과목(B5:B12)' 필드를 기준으로 선택할 수 있도록 데이터 유효성 검사를 설정하시오.

③ [C6] 셀은 '13'자리만 입력할 수 있도록 설정하고, '010-2545-1234 형식으로 입력하세요'라는 설명 메시지를 설정하시오.

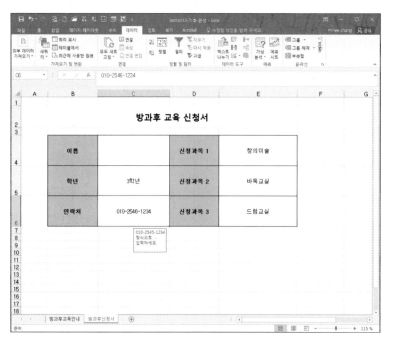

힌트

• 제한대상 : 목록, 원본에 입력

• 제한대상 : 목록, 원본 : 목록 드래그

❖ 완성파일 : Section13-심화-완성.xlsx

01 'Section13-심화.xlsx' 파일의 '판매현황' 시트를 열고 다음의 조건대로 작성하시오.

① '주문량(E5:E9)'의 필드는 '40' 이상만 입력할 수 있도록 하고 '오류 메시지'는 '경고'로 데이터 유효성 검사를 설정하시오. 유효성검사에 어긋나는 데이터일 경우 '예'를 누르고 계속 진행하세요.

② 유효성검사에 어긋나는 잘못된 데이터를 표시하시오.

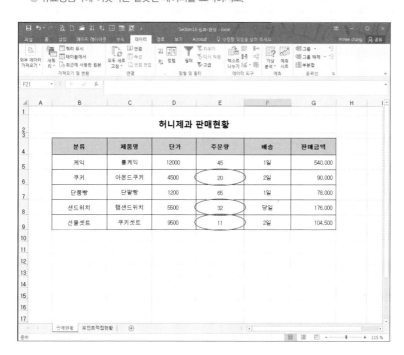

힌트

- 제한대상 : 정수, 제한방법 : >=
- 오류메시지 설정
- [데이터] 탭-[데이터 도구] 그룹 - [데이터 유성 검사]-[잘못된 데이터]

02 'Section13-심화.xlsx' 파일의 '포인트적립현황' 시트를 열고 다음의 조건대로 작성하시오

① [B11] 셀은 '고객명(C5:C9)'를 기준으로 데이터를 설정하시오.

② [C11] 셀에 [B11] 셀을 이용하여 거래횟수를 구하시오.

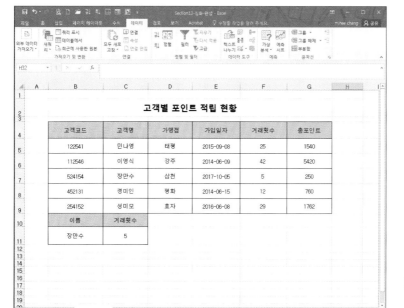

힌트

- 제한대상 : 목록, 원본 : 목록 드래그
- VLookup 함수

14
SECTION

정렬과 부분합으로 하는 요약보고서

엑셀을 사용하는 목적은 계산식과 함께 입력된 데이터를 기준으로 다양한 데이터 관리 기능과 분석 기능을 사용하는 것입니다. 데이터 관리 기능으로 표, 레코드 관리, 정렬, 부분합, 필터, 피벗테이블 등을 제공하고 있으며, 데이터를 원하는 순서대로 재배열하는 정렬 기능과 정렬된 데이터를 그룹화하여 요약하는 부분합 기능으로 요약보고서가 있습니다.

PREVIEW

▲ 완성파일 : Section14-완성.xlsx

학습내용

실습 01 데이터 재배열 정렬

실습 02 사용자 정의 정렬과 행 정렬

실습 03 부분합으로 하는 요약 집계

체크포인트

● [데이터] 탭의 [정렬] 기능으로 오름차순 내림차순 정렬을 해봅니다.

● 사용자가 원하는 순서대로 재배치하거나 행방향의 정렬을 해봅니다.

● [데이터] 탭의 [부분합] 기능으로 정렬된 데이터를 요약보고서를 작성해 봅니다.

실습 01   데이터 재배열 정렬

▼ 준비파일 : Section14.xlsx

01 '고객보고서' 시트의 '고객'명을 오름차순으로 정렬하기 위해 '고객(D4)' 셀을 클릭한 후 [데이터] 탭의 [정렬 및 필터] 그룹에서 오름차순(⬇)을 클릭합니다.

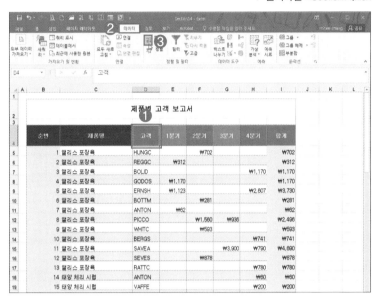

02 '고객(D4)'명이 'A, B, C…'순으로 정렬됩니다.

> **Tip** 정렬 순서
> - 오름차순 : 숫자-기호 문자-한글-영문 소문자 – 영문 대문자(대소문자 구분 설정한 경우) –공백
> - 내림차순 : 영문 대문자 – 영문 소문자-한글 – 기호 문자 – 숫자 – 공백(대소문자 구분 설정한 경우)

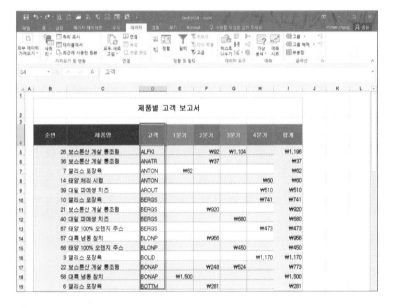

03 '합계'를 내림차순으로 정렬하기 위해 [합계(I4)] 셀을 클릭한 후 [데이터] 탭의 [정렬 및 필터] 그룹에서 내림차순(⬇)을 클릭합니다.

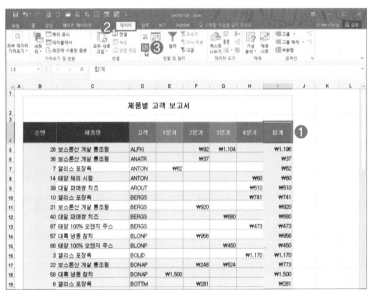

04 '합계'가 높은 순에서 낮은 순으로
정렬되었습니다.

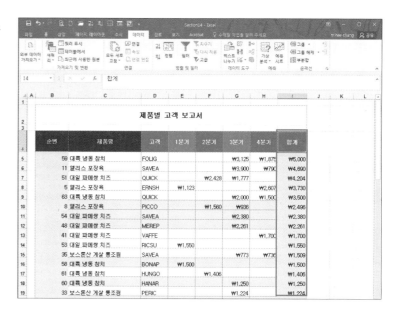

05 '제품명'과 '합계' 두 가지 기준으로
정렬하기 위해 워크시트의 임의의
셀에 클릭한 후 [데이터] 탭의 [정렬
및 필터] 그룹에서 정렬(▦)을 클릭
합니다. [정렬] 대화상자가 열리면
첫 번째 정렬 기준은 '제품명', 정렬
기준은 '값', 정렬 방법은 '오름차순'
으로 선택합니다.

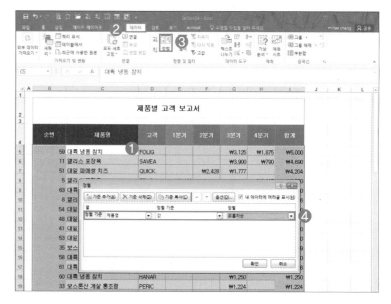

06 두 번째 정렬 기준을 추가하기 위해
[기준 추가]를 클릭한 후 다음 기준
은 '합계', 정렬기준은 '값', 정렬방
법은 '내름차순'으로 선택한 후 [확
인]을 클릭합니다.

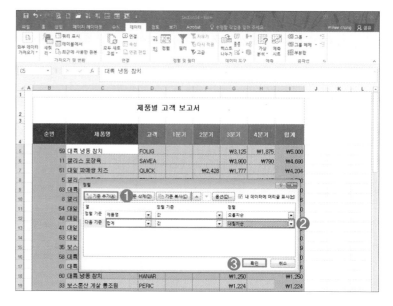

07 '제품명'이 가나다순인 오름차순으로 정렬이 되었으며 '제품명'이 같은 경우 '합계'가 큰 순으로 정렬이 되었습니다.

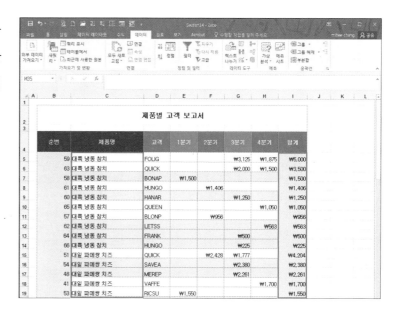

08 다음은 '셀 색'으로 정렬을 하기 위해 [데이터] 탭의 [정렬 및 필터] 그룹에서 정렬(정렬)을 클릭합니다. 첫번째 정렬 기준은 '제품명', 정렬 기준은 '셀 색'을 클릭한 후 '연두색'을 선택합니다. 첫번째 정렬 기준을 '기준 복사'하여 두번째 정렬 기준의 '셀 색 : 분홍색', 세번째 정렬 기준의 '셀 색 : 하늘색'으로 변경한 후 [확인]을 클릭합니다.

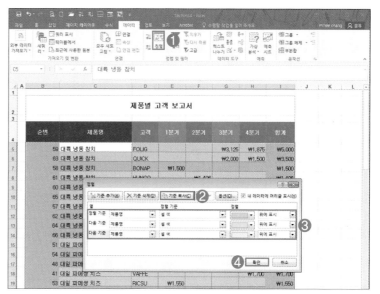

09 정렬기능은 원하는 '셀 색' 배열로 '셀 색'으로도 정렬이 가능합니다.

> **Tip** [표] 구성에서 위/아래에 병합된 셀 영역이 있는 경우에는 아래와 같은 오류 메시지가 나옵니다. 원본을 복사하여 복사본을 데이터 관리에 맞는 [표]로 재 편집한 후 수행해야 합니다.
> 엑셀에서는 테이블은 데이터 관리목적, 인쇄목적, 템플릿(서식)등 용도에 맞게 구성해야 합니다.

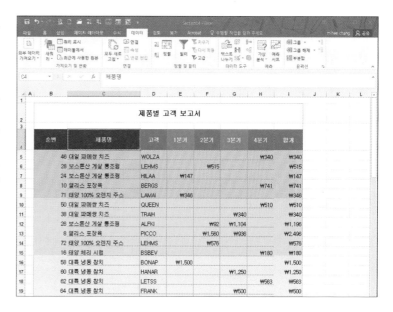

사용자 정의 정렬과 행 정렬

01 '제품명'을 사용자가 원하는 순서대로 정렬하기 위해 [데이터] 탭의 [정렬 및 필터] 그룹에서 정렬(圖圖)을 클릭합니다. [정렬] 대화상자가 열리면 첫 번째 정렬 기준은 '제품명', 정렬기준은 '값', 정렬 방법은 '사용자 지정 목록'을 선택합니다.

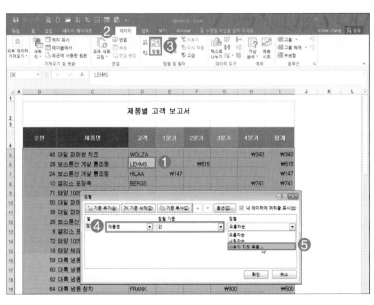

02 [사용자 지정 목록] 대화상자가 열리면 '목록 항목'에 '대일 파메쌍 치즈, 보스톤산 게살 통조림, 앨리스 포장육, 태양 100% 오렌지 주스, 태양 체리 시럽, 대륙 냉동 참치'를 입력한 후 [추가]를 누르고 [확인]을 클릭합니다.

03 '제품명'이 [사용자 지정 목록]에서 추가한 순서대로 정렬이 되었습니다.

> **Tip** 정렬은 데이터의 재배치 기능과 함께 같은 목록의 '그룹화' 기능도 함께 합니다.

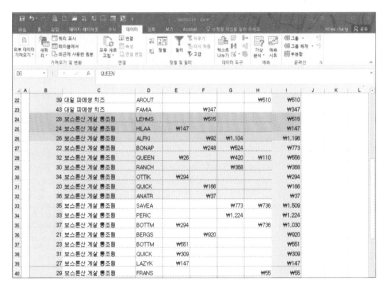

04 이번에는 '행 정렬'를 하기 위해 임의의 셀에 클릭한 후 [데이터] 탭의 [정렬 및 필터] 그룹에서 정렬(정렬)을 클릭합니다. [정렬] 대화상자가 열리면 [옵션]을 클릭한 후 [정렬 옵션]대화상자에서 정렬 '방향'을 '왼쪽에서 오른쪽'으로 선택한 후 [확인]을 클릭합니다.

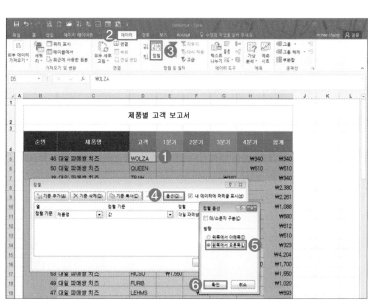

05 [정렬] 대화상자에서 '행'의 기준을 '행4'로 선택하고 '정렬'을 '사용자 지정 목록'을 선택한 후 '순번,고객,제품명,4분기,3분기,2분기,1분기,합계'를 입력한 후 [추가]와 [확인]을 차례대로 클릭합니다.

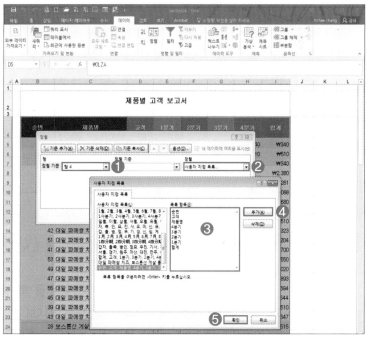

06 '열 정렬'이 아닌 '행 정렬'을 이용하면 원하는 순서대로 필드들이 재 배치됩니다.

> **Tip** 행 정렬
> • 행 정렬은 열 정렬 방법과 같이 데이터의 오름차순. 내림차순도 가능하지만 행 정렬의 '사용자 정의 정렬'을 이용하면 필드를 원하는 위치로 이동할 수 도 있습니다.

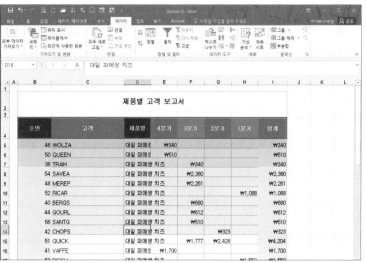

01   '제품명'에 따라 분기별 계산을 하기 위해 '제품명'을 먼저 정렬합니다. 정렬이 되어 있는 시트의 임의의 셀에 클릭한 후 [데이터] 탭의 [윤곽선] 그룹에서의 부분합(▦)을 클릭합니다.

> **Tip**   부분합은 계산하려는 필드의 정렬을 먼저 해야 합니다.

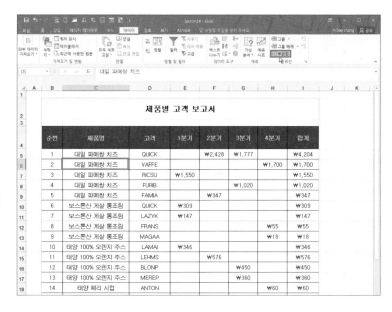

02   [부분합] 대화상자가 열리면 '그룹화할 항목'은 '제품명'을 선택하고 '사용할 함수'는 '합계', '부분합 계산 항목'은 '1분기, 2분기'를 선택한 후 [확인]을 클릭합니다.

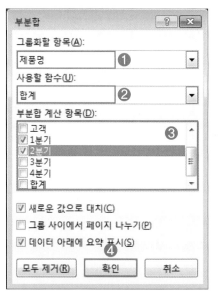

03   '제품명' 별로 '1분기'와 '2분기'의 합계가 구해졌습니다.

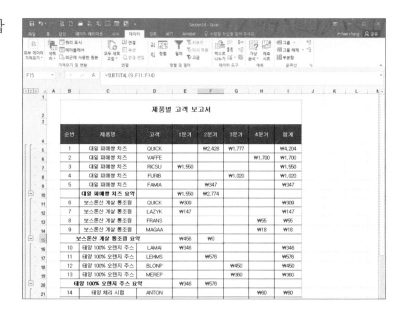

04 최대값을 구하기 위해 [데이터] 탭의 [윤곽선] 그룹에서 부분합(▦)을 클릭합니다. [부분합] 대화상자에서 '그룹화할 항목'은 '제품명'을 선택하고 '사용할 함수'는 '최대값', '부분합 계산 항목'은 '1분기, 2분기'를 선택한 후 '새로운 값으로 대치'를 선택 해제한 후 [확인]을 클릭합니다.

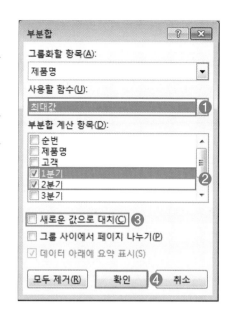

05 '합계'와 '최대값'이 함께 구해집니다. 왼쪽 상단의 윤곽 기호와 왼쪽 행 머리글에 표시되는 '⊞, ⊟'을 클릭해 봅니다.

> **Tip** · ①은 전체 부분합 표시, ②는 첫 번째 부분합 표시, ③은 계산된 결과만 표시, ④는 모든 데이터 표시
> · ⊞를 클릭하면 숨겨진 행이 표시됨
> · ⊟를 클릭하면 포함된 행이 숨겨짐

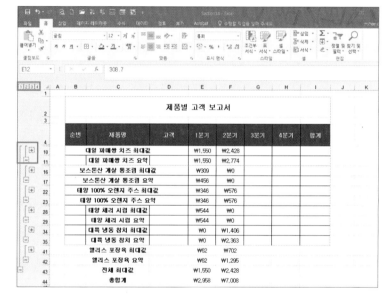

06 왼쪽에 표시된 윤곽을 지우려면 [데이터] 탭의 [윤곽선] 그룹에서 그룹 해제(▦)를 클릭한 후 '윤곽 지우기'를 하면 왼쪽에 표시된 윤곽은 지워집니다.

> **Tip** 부분합을 제거하려면 [부분합]– [모두 제거] 클릭

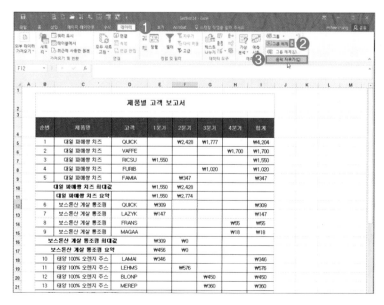

❖ 완성파일 : Section14-기초-완성.xlsx

01 'Section14-기초.xlsx' 파일의 '주문보고서' 시트를 열고 다음의 조건대로 작성하시오.

조건

① '판매원' 필드를 오름차순 정렬 하시오.

② '국가'필드를 '미국, 프랑스, 발칸, 영국, 일본' 순으로 정렬하고, 국가명이 같을 경우 '주문량'을 내림차순 하시오.

힌트

• 오름차순 정렬
• [정렬]-[기준 추가]

02 'Section14-기초.xlsx' 파일의 '분기별 판매량' 시트를 열고 다음의 조건대로 작성하시오.

조건

① '판매원'을 가나다 순으로 정렬하시오.

② '6행'을 기준으로 분기별 오름차순 정렬하시오.

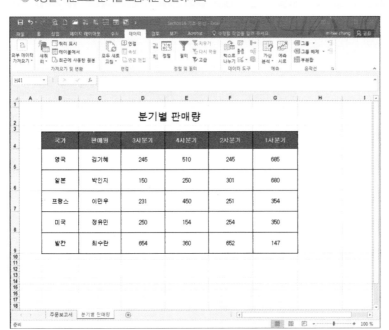

힌트

• 오름차순 정렬
• [정렬]-[옵션]-[왼쪽에서 오른쪽으로]

❖ 완성파일 : Section14-심화-완성.xlsx

01 'Section14-심화.xlsx' 파일의 '경진대회결과' 시트를 열고 다음의 조건대로 작성하시오.

조건

① '부서'에 따른 '기획문서, 정보검색, 프레젠테이션'의 평균을 구하고, 합계를 구하시오.

② '요약'을 '합계'로 찾아 바꾸기 하시오.

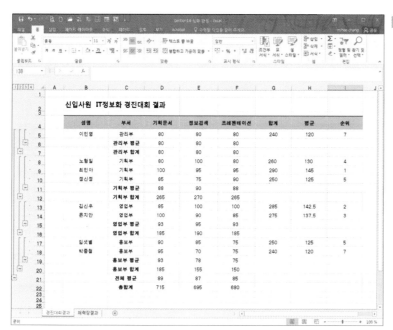

힌트

- 부서별 오름차순
- [부분합]
- [찾아 바꾸기]

02 'Section14-심화.xlsx' 파일의 '체력장결과' 시트를 열고 다음의 조건대로 작성하시오.

조건

① '직급'에 따른 '달리기'의 '최소값'을 구하고, '윗몸일으키기'와 '공던지기'의 '최대값'을 구하시오.

② '기획'부서에서 '대리'행만 숨기기 하시오.

③ '기획'부서에서 '대리'행만 숨기기 하여도 '기획 최대값'과 '기획 최소값'은 변동이 없습니다. SUBTOTAL의 함수번호를 바꾸어 화면에 보이는 것만 계산되도록 하시오.

15

SECTION

원하는 데이터만 추출하는 필터링

엑셀 데이터 관리에서 사용자가 원하는 데이터를 조건에 맞게 검색하여 추출하는 기능입니다. 데이터에 클릭만으로 조건을 지정하는 자동필터와 여러 개의 조건이나 수식을 이용하여 추출하는 고급 필터가 있습니다.

PREVIEW

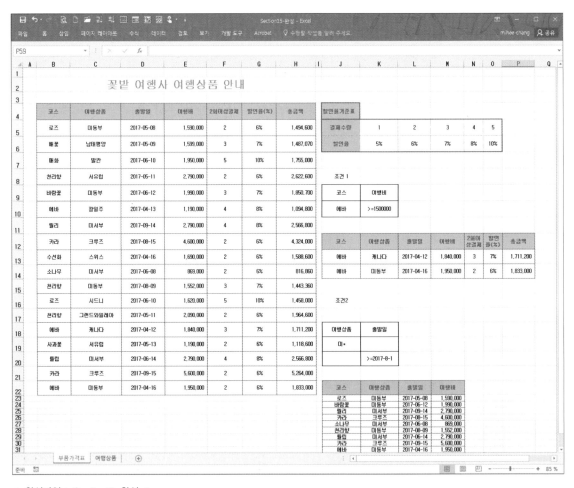

▲ 완성파일 : Section15-완성.xlsx

학습내용

실습 01 자동필터를 이용한 데이터 추출

실습 02 고급 필터를 이용한 데이터 추출

실습 03 함수식을 이용한 고급 필터

체크포인트

● [데이터] 탭의 [필터] 기능으로 원하는 자료를 추출해 봅니다.

● [데이터] 탭의 [고급 필터] 기능으로 여러 조건에 맞는 데이터를 추출해 봅니다.

● 함수식을 이용하여 고급 필터링을 해봅니다.

실습 01 자동필터를 이용한 데이터 추출

▼ 준비파일 : Section15.xlsx

01 '여행상품안내' 시트에서 '코스'와 '출발일', '여행비'를 조건에 따라 필터링하기 위해 임의의 셀에 클릭한 후 [데이터] 탭의 [정렬 및 필터] 그룹에서 필터(▼)를 클릭합니다.

02 '코스' 항목의 필터 단추(▼)를 클릭하여 '모두 선택'의 체크를 해제한 후 '로즈, 바람꽃, 에바, 천리향'의 항목만 체크한 후 [확인]을 클릭합니다.

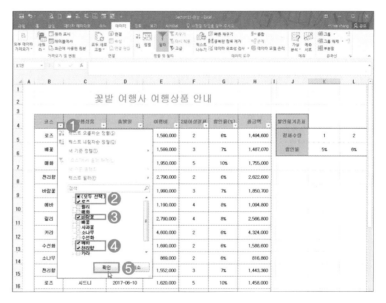

03 '코스' 항목의 조건이 필터링되었습니다. '출발일' 항목의 필터 단추(▼)를 클릭하여 '2017년'의 체크를 해제한 후 '5월, 8월' 항목만 체크한 후 [확인]을 클릭합니다.

Tip 년도 필드의 ⊞를 누르면 세부 날짜가 표시됩니다.

04 '출발일' 항목에서 '5월'과 '8월'의 항목만 필터링됩니다. '여행비'는 '1500000 이상 2000000 이하'의 금액을 필터링 하기 위해 '여행비' 항목의 필터 단추(▼)를 클릭하여 '숫자 필터'의 하위 목록의 '해당 범위'를 클릭합니다.

> **Tip** 필터링이 된 항목은 필터 단추가 ▼에서 ▼로 표시됩니다.

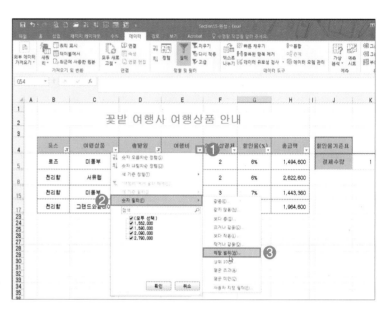

05 [사용자 지정 자동 필터] 대화상자가 열리면 '여행비'의 '>='을 확인하고 '1500000'을 입력합니다. 다음 조건을 입력하기 위해 '그리고'와 '<='를 확인한 후 '2000000'을 입력한 후 [확인]을 클릭합니다.

> **Tip** 필터링이 된 항목의 필터 단추(▼) 위에 마우스를 올려놓으면 해당 조건이 스크린팁으로 표시됩니다.

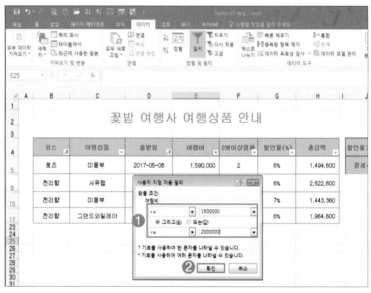

06 모든 조건에 만족하는 데이터가 필터링 되었습니다. 필터 항목의 필터를 모두 해제하려면 [데이터] 탭의 [정렬 및 필터] 그룹에서 지우기(▼)를 클릭하고, [필터] 명령를 해제하려면 필터(▼)를 클릭합니다.

> **Tip** 필터링된 항목의 필터링 해제를 하려면 필터 단추를 클릭하여 '해당 항목의 필터 해제'를 클릭합니다.

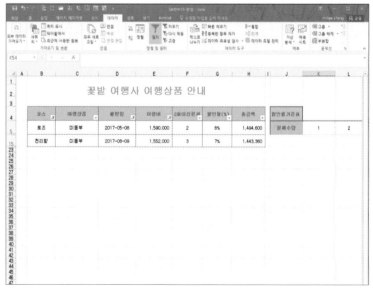

고급 필터를 이용한 데이터 추출

01 고급 필터는 추출하고자하는 조건을 먼저 입력해야 합니다. '코스가 에바이고, 여행비가 1500000이상'인 조건을 [J9:K10] 영역에 먼저 입력합니다.

- 고급 필터의 조건 입력 형식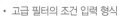

필드	필드
조건1	조건2

- 두 조건을 모두 만족해야 하는 AND조건으로 조건은 같은 행에 입력

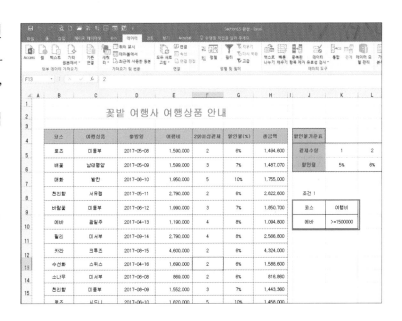

02 임의의 셀에 클릭한 한 후 [데이터] 탭의 [정렬 및 필터] 그룹에서 고급(▼)을 클릭합니다.

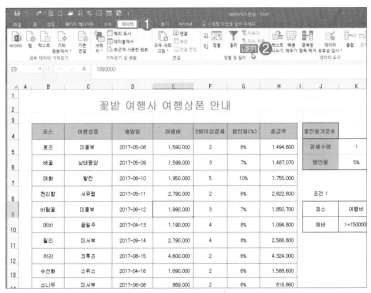

03 [고급 필터] 대화상자에 [다른 장소에 복사]에 체크하고, 목록 범위는 [$B$4:$H$22] 셀까지 자동으로 지정되었는 확인합니다. 조건 범위는 [$J$9:$K$10] 셀을 드래그하여 지정한 후 복사 위치는 [$J$12] 셀을 클릭하고 [확인]을 클릭합니다.

Tip 목록 범위가 다른 경우 목록 범위의 입력란을 클릭한 후 범위를 드래그합니다.

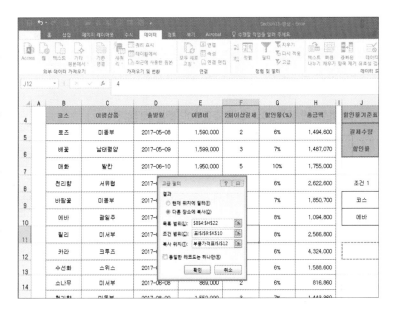

163

04 '코스'가 '에바'이고 '여행비'가 '1500000 이상'의 조건에 모두 만족하는 데이터가 필터링되었습니다.

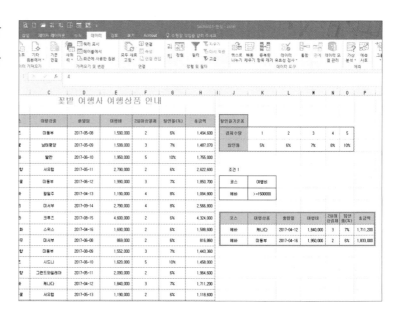

05 다음 조건으로 '여행상품'이 '미'자로 시작되거나 '출발일'이 '2017년 8월 1일' 이후'의 조건식을 [J18:K20] 셀에 입력합니다. '코스, 여행상품, 출발일, 여행비'의 해당하는 항목만 추출하기 위해 [J22:M22] 셀에 항목도 입력합니다.

Tip 특정 필드만 추출하려면 복사 위치에 필드명을 입력합니다.

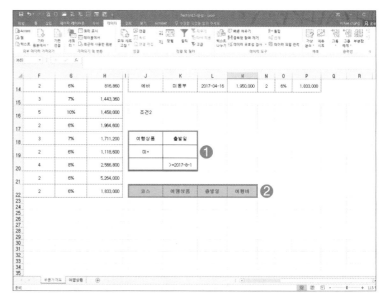

06 [고급 필터] 대화상자에서 [다른 장소에 복사]에 선택하고, 목록 범위는 [$B$4:$H$22], 조건 범위는 [$J$18:$K$20] 셀을 드래그하여 지정한 후 복사 위치는 미리 입력해 둔 항목의 [$J$2:$M$22] 셀의 영역을 드래그하여 지정한 후 [확인]을 클릭합니다.

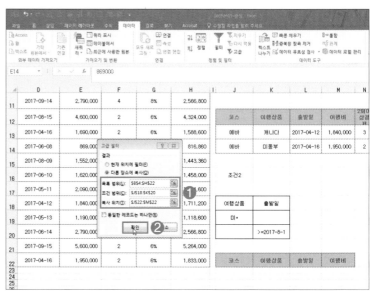

07 모든 조건에 만족하는 데이터가 해당하는 항목에 필터링되었습니다.

Tip 현재 위치에 필터 : 결과가 원본 데이터에 표시
- 다른 장소에 복사 : 원본은 그대로 두고 결과물을 다른 장소로 복사하여 표시
- 목록 범위 : 데이터 실제 전체 범위
- 조건 범위 : 찾을 조건을 입력한 조건 범위
- 복사 위치 : '다른 장소에 복사'를 선택한 경우 지정
- 동일한 레코드는 하나만 : 중복 레코드 추출

알아두기 | **고급 필터 조건식**

● 와일드 카드문자 (*,?)를 사용할 수 있습니다.

미*	미로 시작하는 문자	미??	미로 시작하는 세 글자
*미	미로 끝나는 문자	????미	미로 끝나는 다섯 글자
동부	동부라는 문자가 포함된 모든 문자	?미?	미자가 포함된 세 글자

● AND 조건의 예 : 두 조건이 모두 만족, (~이고, ~이면서)

● 수식 조건의 예 : 직위가 과장이고 합계가 평균합계 이상

직위	
과장	TRUE

직급이 사원이고 판매량이 250점 이상
➡ 조건은 같은 행에 입력한다.

또는)

직급	판매량
사원	
	>=250

직위가 대리이거나 합계가 250점 이상
➡ 조건은 다른 행에 입력한다.

● 수식 조건의 예 : 직위가 과장이고 합계가 평균합계 이상

직위	
과장	TRUE

수식을 사용하면 FLASE 또는 TRUE 값 표시
수식의 필드명은 입력하지 않음
수식입력 =$H4>=AVERAGE($H$4:$H$19)

● AND / OR 복합조건 : 직위가 대리이고 합계가 250점이상 이거나, 직위가 과장이고 합계가 200점 이상인 데이터

직위	합계
대리	>=250
과장	>=250

함수식을 이용한 고급 필터

01 '출발일'이 '2017년 6월 1일 ~ 2017년 6월 30일'이거나 '총금액'이 '총금액 평균이상'인 데이터를 '여행상품'시 트에 추출하기 위해 데이터가 추출될 '여행상품' 시트에 오른쪽 그림처럼 조건을 입력합니다.

02 '여행상품' 시트의 임의의 셀을 클릭한 후 [데이터] 탭의 [정렬 및 필터] 그룹에서 고급(▼)을 클릭합니다.

03 [고급 필터] 대화상자에서 [다른 장소에 복사]에 선택하고, 목록 범위는 '여행상품안내' 시트의 [$B$4:$H$22] 셀까지 드래그하여 범위를 지정합니다.

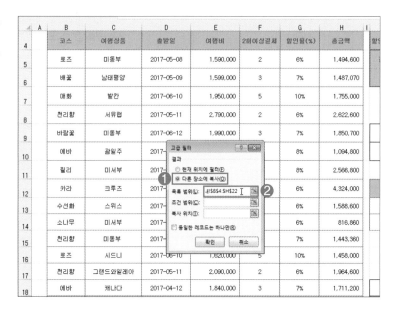

04 '조건 범위'는 '여행상품' 시트의 조건 범위 [$C$2:$E$4] 셀을 영역 지정하고, '복사 위치'는 미리 입력해 둔 항목의 [$B$6:$E$6] 셀의 영역을 지정한 후 [확인]을 클릭합니다.

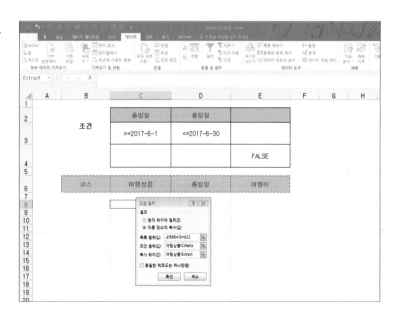

05 모든 조건에 만족하는 데이터가 해당하는 항목에 필터링 되었습니다.

Tip 원하는 시트에 추출하려면 추출할 시트에 조건을 입력하고 조건이 있는 시트에서 [고급 필터]를 실행합니다.

알아두기 | 고급 필터의 동일 항목 추출

❶ 고급 필터의 '동일항목' 추출 기능을 이용해 중복되는 항목만 추출이 가능합니다.

❷ [데이터] 탭의 [정렬 및 필터] 그룹에서 고급(▼)을 클릭합니다.

❸ [고급 필터] 대화상자에서 '다른 장소에 복사'를 선택한 후 '목록 범위'를 '부서' 영역을 지정합니다.

❹ '복사 위치'에 추출될 영역의 셀을 클릭한 후 '동일한 레코드는 하나만'에 체크하고 [확인]을 클릭합니다.

❺ '부서' 필드에서 동일한 항목만 추출됩니다.

부서	경영성과	리더십	프로그래밍	총점	평균		❹
감사	70	80	90	240	80.0		감사
스마트행정	85	95	85	265	88.3		스마트행정
기획	80	90	70	240	80.0		기획
영업	90	100	85	275	91.7		영업
스마트행정	75	84	75	234	78.0		총무
기획	65	68	80	213	71.0		
영업	70	60	100	230	76.7		
기획	70	80	95	245	81.7		
총무	87	100	100	287	95.7		

기초문제

❖ 완성파일 : Section15-기초-완성.xlsx

01

'Section15-기초.xlsx' 파일의 '출장비' 시트를 열고 다음의 조건대로 작성하시오.

조건

① '출장일'이 '6월'과 '7월' 데이터만 추출하시오.

② '지출액'이 300000'보다 큰 데이터만 추출하시오.

힌트 ▶

• [필터]-[보다 큼]

02

'Section15-기초.xlsx' 파일의 '전자마트'시트를 열고 다음의 조건대로 작성하시오.

조건

① '제품명'이 '스마트폰'이고 '판매수량'이 '30'이상인 데이터만 추출하시오.

② '조건'은 [B15:C16] 셀에 입력하고 복사위치는 [B18] 셀부터 추출하시오.

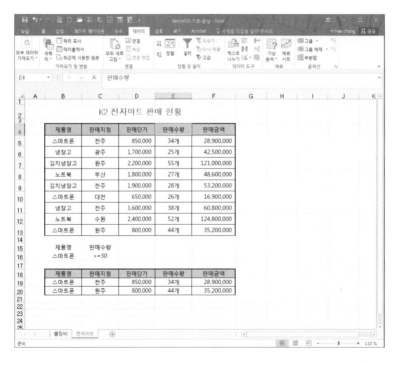

힌트 ▶

• 조건과 조건사이에 ~이고, ~이면서로 이어지면 And 조건이며 조건을 같은 줄에 입력합니다.

심화문제

❖ 완성파일 : Section15−심화−완성.xlsx

01

'Section15−심화.xlsx' 파일의 '역량강화' 시트를 열고 다음의 조건대로 작성하시오.

조건

① '제품명'이 '사원명'이 '김'씨이거나 '평균'이 '90'이상인 데이터만 추출하시오.

② '조건'은 [B16:C18] 셀에 입력하고 복사위치는 [B20] 셀부터 추출하시오.

③ '부서(C5:C13)' 항목의 동일한 항목만 [J21] 셀부터 추출하시오.

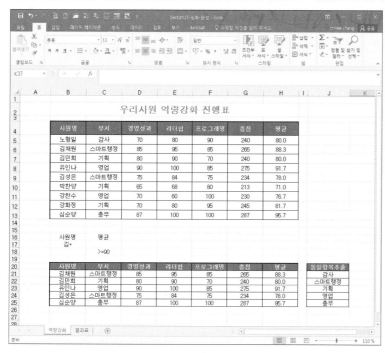

힌트

- [데이터]-[정렬 및 필터]-'고급'
- [고급 필터]- '다른 장소에 복사'
- '목록 범위' : '부서'영역
- '복사 위치' : 셀 클릭
- '동일한 레코드는 하나만'에 체크

02

'Section15−심화.xlsx' 파일의 '결과표' 시트를 열고 다음의 조건대로 작성하시오.

조건

① '경영성과'가 '80'점 이상 이거나 '리더쉽'이 '90'점 이상인 데이터만 추출하시오.

② '조건'은 '결과표' 시트의 [C2:D4] 셀에 입력하고 '결과표' 시트에 [B7] 셀부터 '사원명, 부서, 총점, 평균'만 표시하시오.

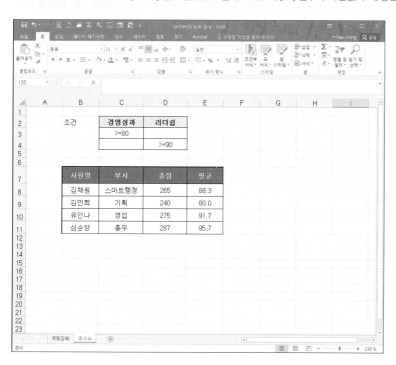

힌트

- 데이터가 추출될 시트에 조건을 입력한 후 고급 필터를 실행하세요.

16

SECTION

대량의 데이터 분석 피벗 테이블

피벗 테이블은 복잡하고 많은 데이터를 사용자가 데이터를 확장하거나 축소하여 원하는 대로 요약하고 분석하여 쉽게 파악할 수 있는 기능입니다. 피벗 테이블과 피벗 차트, 슬라이서와 시간 표시 막대로 시각적인 효과도 제공합니다.

PREVIEW

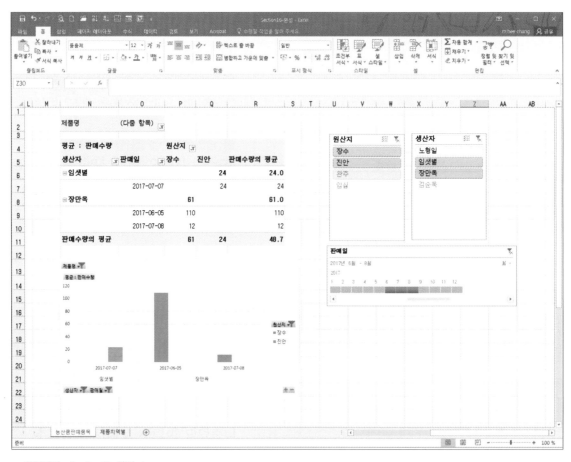

▲ 완성파일 : Section16-완성.xlsx

학습내용

실습 01 추천 피벗 테이블 삽입하기

실습 02 피벗 테이블로 데이터 요약하기

실습 03 피벗 슬라이서 / 시간막대, 피벗차트

체크포인트

● [삽입] 탭의 [표] 그룹에서 [추천 피벗 테이블]을 이용하여 쉽게 데이터를 요약해 봅니다.

● [삽입] 탭의 [피벗 테이블]을 삽입하여 대용량의 데이터를 요약해봅니다.

● 피벗 슬라이서로 여러 조건에 맞는 데이터를 요약합니다.

● 시간막대와 피벗차트로 요약된 데이터를 시각화합니다.

추천 피벗 테이블 삽입하기

▼ 준비파일 : Section16.xlsx

01 시트의 임의의 셀에 클릭한 후 [삽입] 탭의 [표] 그룹에서 추천 피벗 테이블(📊)을 클릭합니다.

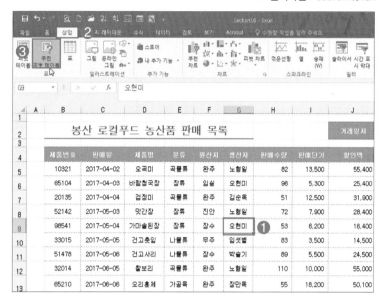

02 [권장 피벗 테이블] 대화상자가 열리면 '합계:판매단가(원산지 기준)'을 선택한 후 [확인]을 클릭합니다.

> **Tip** 필드 내용 확인은 우측의 미리 보기창에서 확인이 가능합니다. 창이 작으면 창 크기를 넓힌 후 보세요.

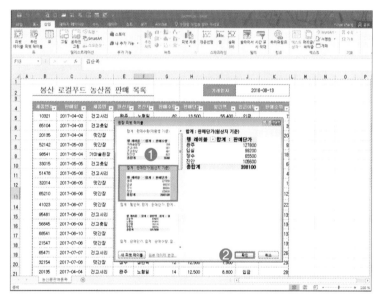

03 피벗 테이블이 '농산물판매품목' 시트 앞에 자동으로 생성되며 오른쪽에 '피벗 테이블 필드' 목록이 열립니다. '피벗 테이블 필드' 목록에서 '제품명'을 '열' 영역으로 드래그합니다.

> **Tip** 필드를 원하는 영역에 드래그하여 요약할 수 있습니다. '피벗 테이블 필드'에서 필드 목록의 체크 표시를 해제하면 필드는 삭제됩니다.

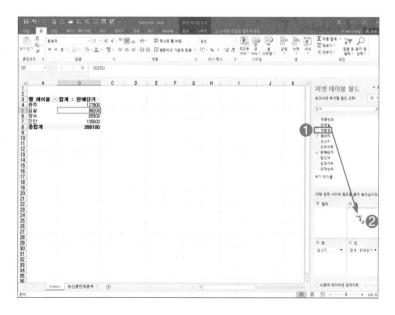

04 피벗 테이블에 '제품명'이 추가됩니다. 피벗 테이블의 임의의 셀에 클릭한 후 [피벗 테이블 도구]−[디자인] 탭에서 '피벗 테이블 스타일'의 목록 단추(▾)를 클릭하여 '어둡게' 영역의 '피벗 스타일 어둡게5'를 선택합니다.

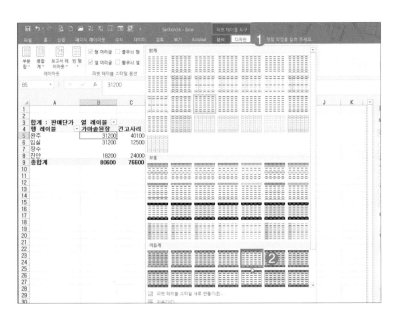

05 [피벗 테이블 도구]−[디자인] 탭의 [레이아웃] 그룹에서 '보고서 레이아웃'의 내림 목록을 눌러 [개요 형식으로 표시]를 클릭합니다. '열 레이블'과 '행 레이블'로 표시되던 부분이 '제품명'과 '원산지' 영역이 필드명으로 표시됩니다.

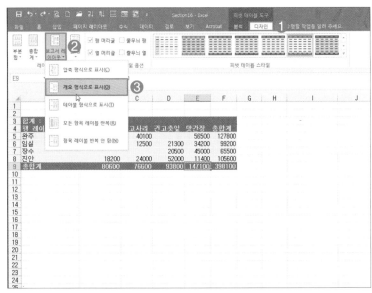

06 피벗 테이블의 데이터 영역을 드래그한 후 [홈] 탭의 [표시 형식] 그룹에서 쉼표스타일(,)을 클릭합니다. 데이터 영역이 쉼표스타일이 적용됩니다. 피벗 테이블 시트를 '농산품판매품목' 뒤로 이동한 후 '제품지역별'로 시트 이름을 변경합니다.

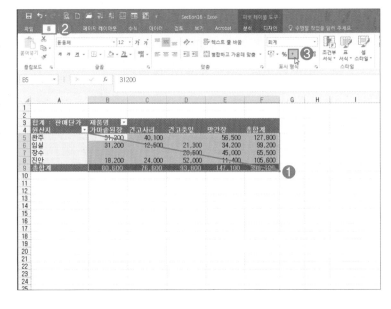

피벗 테이블로 데이터 요약하기

01 현재 시트에 피벗 테이블을 삽입하기 위해 데이터가 있는 시트의 임의의 셀에 클릭한 후 [삽입]탭의 [표] 그룹에서 피벗 테이블(🔲)을 클릭합니다.

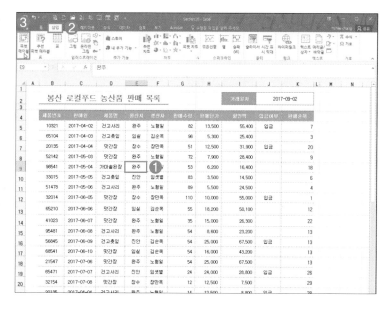

02 [피벗 테이블 만들기] 대화상자에서 [표 또는 범위 선택]의 입력창에 전체 범위가 지정되었는지 확인하고 '피벗 테이블 보고서'를 넣을 위치를 선택 하십시오'에서 '기존 워크시트' 의 입력창을 클릭하고 [N4] 셀을 클릭한 후 [확인]을 클릭합니다.

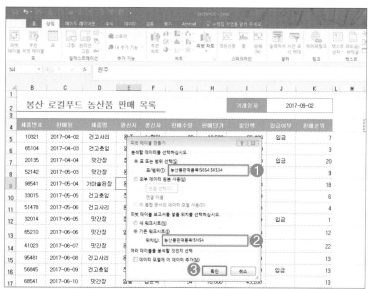

03 원본 데이터의 오른쪽에 피벗 테이블의 보고서가 삽입되면 '피벗 테이블 필드'에서 '필터'에는 '제품명', '열' 영역에는 '원산지', '행' 영역에는 '생산자, 판매일', '값'에는 '판매수량'을 드래그하여 추가합니다.

> **Tip** 잘못 추가한 경우에는 필드 목록의 체크를 해제하거나 필드를 워크시트위로 드래그합니다.

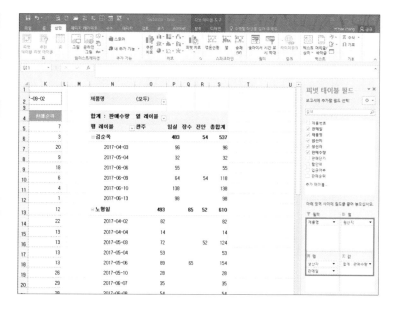

04 피벗 테이블의 '총합계' 필드의 값을 평균으로 바꾸기 위해 [총합계] 셀에 클릭한 후 마우스 오른쪽 단추를 누릅니다. '값 요약 기준'을 클릭한 후 '평균'을 선택합니다.

> **Tip**   마우스 오른쪽 단추의 '값 필드 설정'에서도 가능합니다.

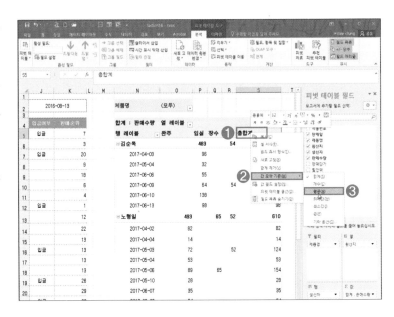

05 '필드명'을 바꾸기 위해 [S5] 셀을 클릭한 후 수식 입력줄에서 '판매수량의 평균'으로 수정한 후 열 너비를 조절합니다. 평균값의 소수점 자리를 조정하기 위해 [S6] 셀을 클릭한 후 **Ctrl** 을 누르고 [S16, S24, S29, S35] 셀을 영역 지정한 후 [홈] 탭의 [표시 형식] 그룹에서 자리수 줄임( )을 클릭하여 한 자리로 줄입니다.

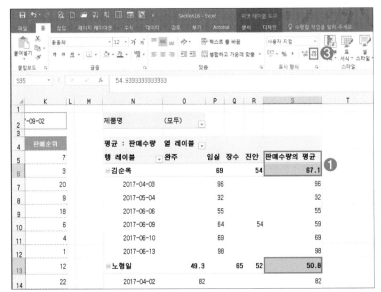

06 [피벗 테이블 도구]-[디자인] 탭에서 [레이아웃] 그룹의 '보고서 레이아웃'을 '개요 형식으로 표시'로 선택합니다. '열 레이블'과 '행 레이블'로 표시되던 부분이 '판매일'과 '생산자' 필드명으로 표시됩니다.

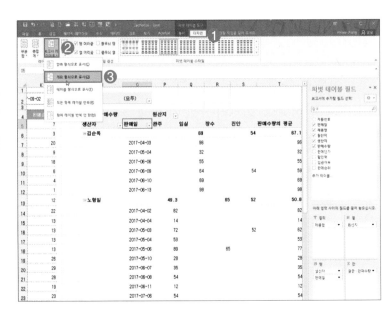

07 '피벗 테이블'의 '제품명'의 필터 단추(▼)를 클릭하여 '여러 항목 선택'을 체크한 후 '모두'의 체크를 해제합니다. '건고사리'와 '맛간장'을 체크한 후 [확인]을 클릭합니다. 선택한 제품명만 표시됩니다.

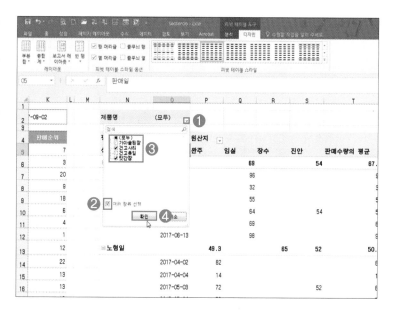

08 '피벗 테이블'의 '원산지'의 필터 단추(▼)를 클릭하여 '모두'의 체크를 해제합니다. '임실'과 '장수'를 체크한 후 [확인]을 클릭합니다.

09 필터링한 제품명과 원산지가 표시됩니다. '피벗 테이블 필드'와 '필터 단추'를 이용해 원하는 자료 형식으로 변경이 수시로 가능합니다.

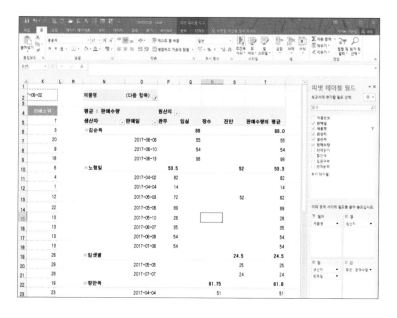

10 날짜를 그룹화하기 위해 날짜 데이터 셀에 클릭한 후 마우스 오른쪽 단추의 '그룹'을 클릭합니다. [그룹화] 대화상자가 열리면 '단위 : 월'을 선택하고 [확인]을 클릭합니다.

11 날짜가 월 단위로 그룹화가 되었습니다.

> **Tip** 날짜의 그룹화는 '월, 분기, 연' 단위로 그룹화 할 수 있으며, 여러 개를 동시에 선택이 가능합니다.

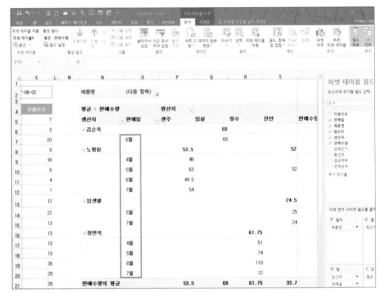

12 날짜의 그룹화를 해제하려면 '날짜' 셀에 클릭한 후 마우스 오른쪽 단추의 '그룹 해제'를 클릭합니다.

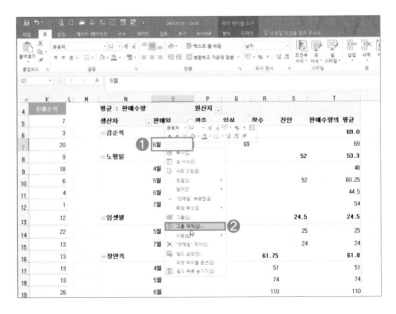

피벗 슬라이서 / 시간막대, 피벗차트

01 피벗 테이블의 임의의 셀에 클릭한 후 [피벗 테이블 도구]–[분석] 탭의 [필터] 그룹에서 슬라이서 삽입(▼)을 클릭합니다. [슬라이서 삽입] 대화상자에서 '원산지'와 '생산자'를 선택한 후 [확인]을 클릭합니다.

> **Tip** 표시된 항목에서 여러 개를 체크하여 사용할 수 있습니다.

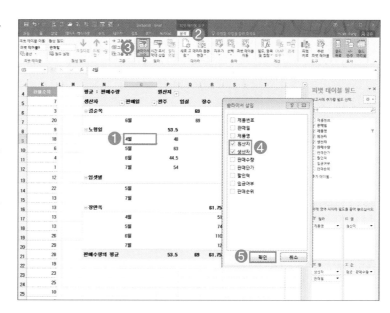

02 삽입된 슬라이서에서 필터한 '원산지'와 '생산자'를 선택합니다. 왼쪽의 피벗테이블이 선택한 내용으로 표시됩니다.

> **Tip** 슬라이서를 제거 하려면 슬라이서를 선택 한 후 마우스 오른쪽 단추의 '제거'를 클릭합니다.

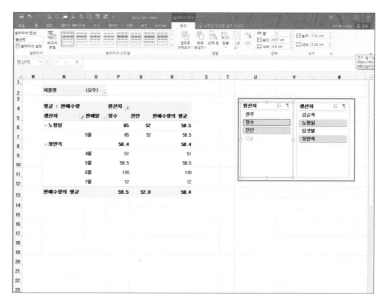

03 '시간 표시 막대 삽입'으로 기간에 대한 필터를 하기 위해 [피벗 테이블 도구]–[분석] 탭의 [필터] 그룹에서 시간 표시 막대 삽입(▼)을 클릭합니다. [시간 표시 막대 삽입] 대화상자에서 '판매일'을 선택하고 [확인]을 클릭합니다.

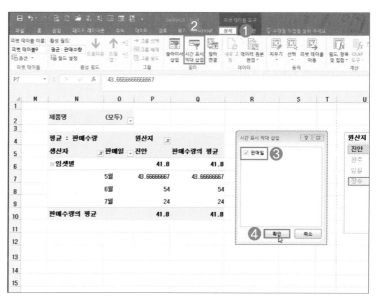

04 '시간 표시 막대'의 위치와 크기를 조절한 후 '시간 표시 막대'의 날짜를 6월에서 9월까지 드래그하여 조절합니다. 피벗 테이블의 값이 변경됩니다.

> **Tip** '필터' 단추를 클릭하여 '년/분기/월/일' 단위로 표시할 수 있습니다.

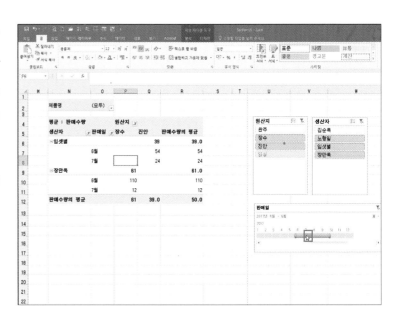

05 '피벗 차트'를 삽입하기 위해 피벗 테이블의 임의의 셀에 클릭한 후 [피벗 테이블 도구]-[분석] 탭의 [도구] 그룹에서 피벗 차트(📊)를 클릭합니다. [차트 삽입] 대화상자에서 '세로 막대형'의 '세로 막대'를 선택한 후 [확인]을 클릭합니다.

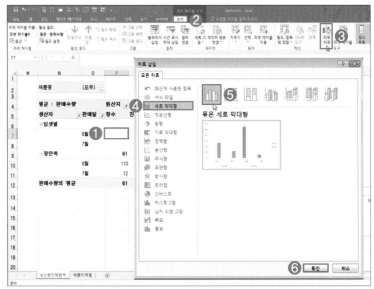

06 피벗 차트의 위치와 크기를 조절합니다. '슬라이서'와 '시간 막대 표시'를 수정하면 '피벗 테이블'과 '피벗 차트'도 같이 변경됩니다.

> **Tip** 피벗 테이블은 데이터 원본이 바뀌어도 피벗 테이블에는 적용이 되지 않습니다. 데이터 원본이 바뀌면 [피벗 테이블 도구]-[분석]탭의 [데이터]그룹에서 '새로 고침(🔄)'을 클릭하여 최신 상태로 업데이트 합니다.

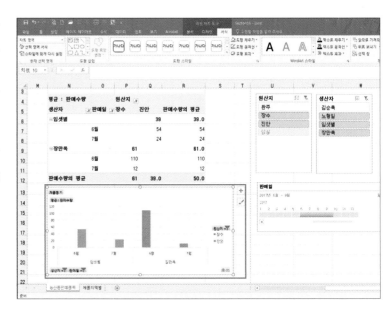

07 '피벗 차트'의 필터 단추를 클릭하여 차트에 표시할 데이터를 선택할 수 있습니다. 왼쪽 하단의 '생산자' 필터를 클릭하여 '노형일'을 추가로 선택한 후 [확인]을 클릭합니다.

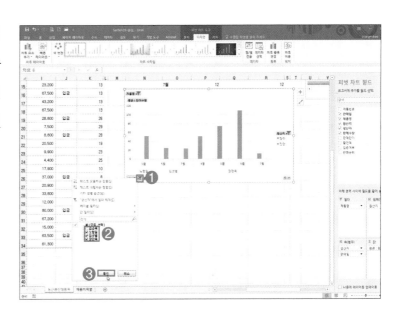

알아두기 | **피벗테이블의 원본 새로 고침과 원본 데이터 범위 수정**

피벗 테이블은 데이터 원본이 바뀌어도 피벗 테이블에는 적용이 되지 않습니다.

데이터 원본이 바뀌면 [피벗 테이블 도구]-[분석] 탭의 [데이터] 그룹에서 원본 데이터를 기준으로 피벗 테이블을 새로 변경하려면 새로 고침( )을 클릭합니다.

피벗 테이블의 원본 범위 설정을 변경하려면 [피벗 테이블 도구]-[분석] 탭의 [데이터] 그룹에서 '데이터 원본 변경'에서 범위를 새로 설정합니다.

  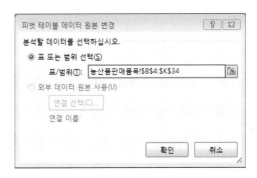

통합문서를 열 때 자동으로 피벗테이블 데이터를 새로 고침하려면 [피벗 테이블 도구]-[분석]탭의 [피벗 테이블]그룹에서 '옵션'을 클릭합니다. 피벗 테이블 옵션 대화 상자의 '데이터' 탭에서 '파일을 열 때 데이터 새로 고침' 확인란을 선택 합니다.

❖ 완성파일 : Section16-기초-완성.xlsx

01 'Section16-기초.xlsx' 파일의 '체력장결과' 시트를 열고 다음의 조건대로 작성하시오.

조건

① 피벗 테이블을 기존 워크시트의 [J4] 셀에 작성하시오.

② '열' 레이블에 '직급', '행 레이블'에는 '부서', '값'에는 '달리기'의 합계를 구하시오.

③ 피벗 테이블의 스타일을 '피벗 스타일 보통10'을 적용하시오.

④ 보고서 레이아웃을 '개요 형식으로 표시'하시오.

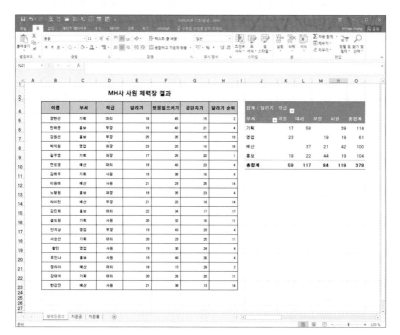

02 'Section16-기초.xlsx' 파일의 '지원금' 시트를 열고 다음의 조건대로 작성하시오.

조건

① 피벗 테이블을 새 워크시트에 작성하고 '지원금'시트 뒤로 이동한 후 시트 이름을 '지원율'로 변경하시오.

② '열' 레이블에 '지원분야', '행 레이블'에는 '지원처', '값'에는 '지원비'의 평균을 구하시오.

③ '피벗 테이블 옵션'을 이용하여 '빈 셀'에 '**'를 삽입하시오.

④ 보고서 레이아웃을 '개요 형식으로 표시'하시오.

힌트

• 피벗 테이블 옵션 – '레이아웃 및 서식' – 빈 셀표시 : **

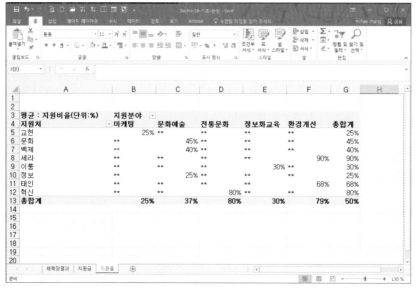

❖ 완성파일 : Section16–심화–완성.xlsx

01 'Section16–심화.xlsx' 파일의 '부품가격표' 시트를 열고 다음의 조건대로 작성하시오.

조건

① 피벗 테이블을 기존 워크시트의 [B14] 셀에 작성하시오.

② '행 레이블'에는 '기업'과 '부품명'을 '값'에는 '부가세'와 '정상가(단위:백)'의 합계를 구하시오.

③ 피벗 테이블의 스타일을 '피벗 스타일 보통3'을 적용하시오.

④ '시간 표시 막대 삽입'을 한 후 '6월'과 '7월'의 데이터만 필터링하시오.

⑤ '시간 표시 막대 스타일 어둡게 2'를 적용하시오.

02 'Section16–심화.xlsx' 파일에 이어서 다음의 조건대로 작성하시오.

조건

① '피벗 차트'를 삽입하고 위치와 크기를 조절하시오.

② '피벗 차트'의 스타일을 '스타일2'로 적용하시오.

③ '부품명'의 '방화벽', '솔라무션', '슈퍼버스', '스위치'만 필터링 하시오.

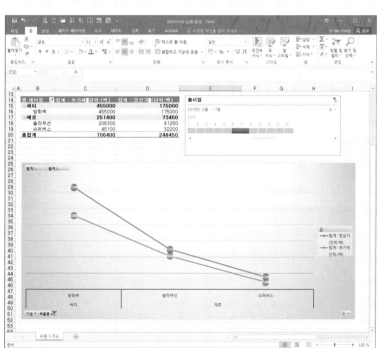

17

SECTION

데이터 시각화 차트

수치화 데이터는 시각화하여 가독성을 높여 빠르게 읽고 분석하는 기능으로 차트를 사용합니다. 차트는 시각화와 함께 데이터 분석기능으로 데이터 변화의 추이, 상관 관계 등을 알 수 있습니다. 데이터의 용도에 맞게 차트를 선택하여 사용할 수 있습니다.

PREVIEW

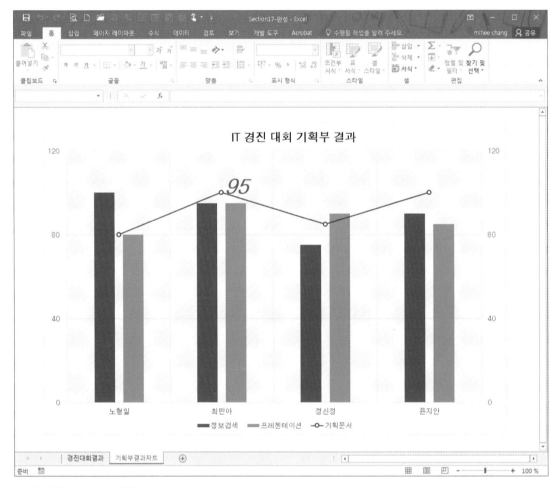

▲ 완성파일 : Section17-완성.xlsx

학습내용

실습 01 차트 삽입과 차트 스타일

실습 02 차트 구성 요소 수정

실습 03 콤보 차트로 변경하기

체크포인트

● [삽입] 탭의 [차트] 기능으로 세로막대차트와 차트 스타일을 구성해 봅니다.

● 세로 보조축과 레이블을 삽입하고 축 서식 등을 변경해 봅니다.

● 콤보 차트를 이용해 두 가지의 차트를 하나의 차트에 표시해 봅니다.

실습 01 · 차트 삽입과 차트 스타일

▼ 준비파일 : Section17.xlsx

01 차트로 표시할 영역을 지정하기 위해 '경진대회결과' 시트의 [B4:B5], [D4:F5], [B8:B8], [D8:F8], [B11:B12], [D11:F12] 영역을 Ctrl 을 누르고 범위를 설정합니다.

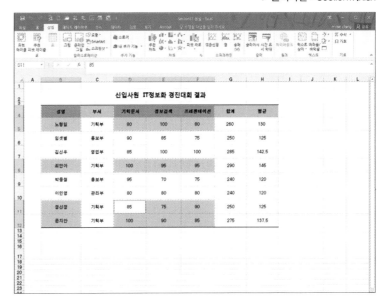

02 [삽입] 탭의 [차트] 그룹에서 세로 또는 가로 막대형 차트 삽입(◨ ▾)의 목록 단추(▾)를 클릭하여 '2차원 묶은 세로 막대형'을 클릭합니다.

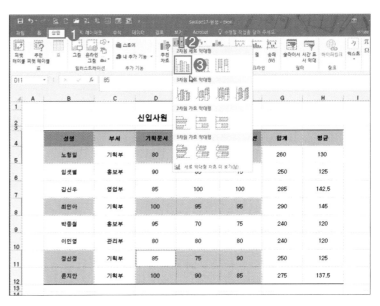

03 차트를 새 시트로 이동하기 위해 [차트 도구]-[디자인] 탭의 [위치] 그룹에서 차트 이동(◨)을 클릭합니다. [차트 이동] 대화상자에서 [새 시트]를 선택한 후 '기획부결과차트'를 입력하고 [확인]을 클릭합니다.

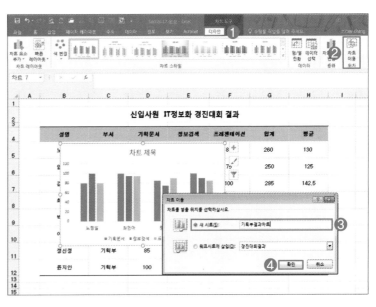

04 차트를 선택한 상태에서 [차트 도구]-[디자인] 탭의 [차트 레이아웃] 그룹에서 [빠른 레이아웃]의 내림 목록 단추를 눌러 '레이아웃1'을 선택합니다.

> **Tip**   차트 레이아웃은 차트 구성요소가 미리 설정 되어 있어 쉽고 빠르게 차트를 삽입할 수 있 습니다.

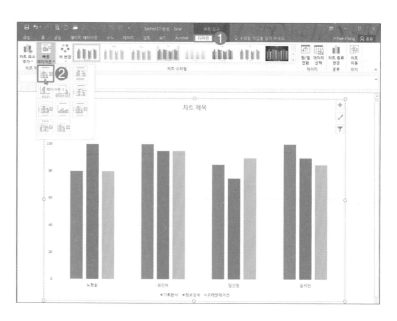

05 [차트 스타일]을 변경하기 위해 [디자인] 탭의 [차트 스타일] 그룹에서 자세히(▽)을 클릭합니다.

06 '차트 스타일'에서 '스타일 7'을 선택합니다. 차트의 오른쪽에 표시되는 빠른 메뉴에서도 가능합니다.

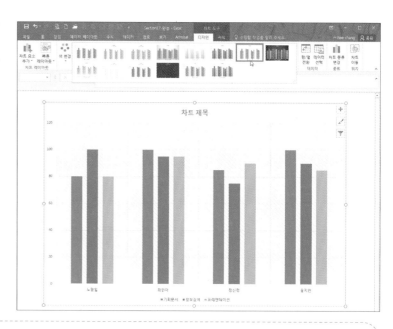

알아두기   **차트의 빠른 메뉴활용**

❶ ➕ : 차트 요소

❷ 🖌 : 차트 스타일 및 색 구성표

❸ ▼ (차트 필터) : 차트에 표시될 데이터 요소 및 이름을 편집

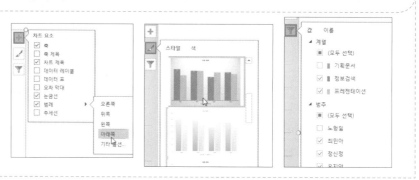

01 차트 외곽선을 클릭하여 차트 영역
전체를 선택한 후 [홈] 탭의 [글꼴]
그룹에서 '돋움, 11pt'를 선택하여
차트 전체 글꼴을 수정합니다.

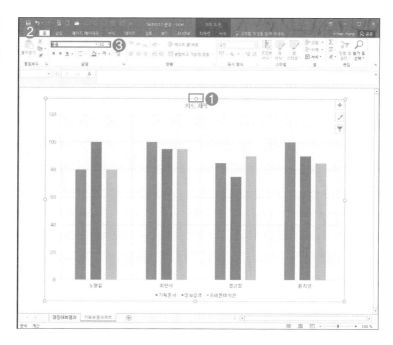

02 차트 제목을 'IT 경진 대회 기획부
결과'로 수정한 후 [홈] 탭의 [글꼴]
그룹에서 '돋움, 18pt, 진하게, 검정'
을 선택하여 차트 제목 글꼴을 수정
합니다.

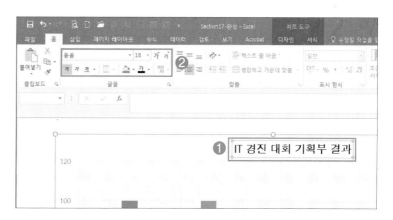

03 차트 왼쪽의 '세로(값) 축'의 눈금을
수정하기 위해 '세로(값) 축'을 클릭
한 후 [차트 도구]–[서식] 탭의 [현
재 선택 영역] 그룹에서 '선택 영역
서식'을 클릭합니다. 차트 오른쪽
[축 서식] 창에서 '축 옵션'의 '경계'
의 '최대'는 '120', '단위'의 '주'는 '40'
으로 수정합니다.

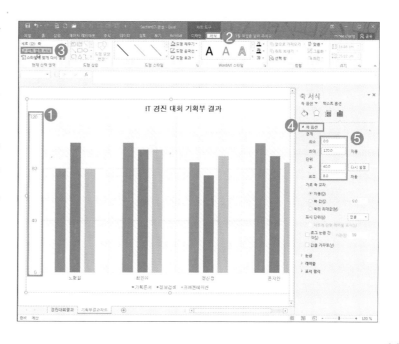

04 '최민아'의 '프레젠테이션' 그래프에 레이블을 표시하기 위해 연두색 프레젠테이션 막대 그래프를 클릭합니다. 전체가 클릭된 상태에서 '최민아'의 '프레젠테이션' 그래프만 한 번 더 클릭합니다. '최민아'의 그래프만 선택이 된 상태에서 [차트 도구]-[디자인] 탭의 [차트 레이아웃] 그룹에서 차트 요소 추가(▮▮)를 클릭합니다. 데이터 레이블(▥)의 바깥쪽 끝에(▥)를 선택합니다.

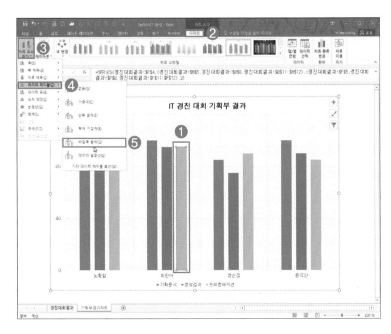

05 표시된 레이블을 강조하기 위해 레이블을 선택한 후 [홈] 탭의 [글꼴] 그룹에서 '돋움, 32pt, 진하게, 기울임, 빨강'을 클릭합니다.

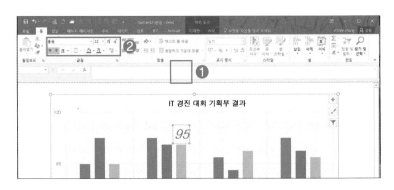

알아두기 │ 차트 범례 이름 수정

● 차트의 '범례 이름'을 수정하려면 [차트 도구]-[디자인] 탭의 [데이터] 그룹에서 데이터 선택(▥)을 클릭합니다.

● '수정할 필드'를 선택한 후 '편집'을 클릭한 후 '범례명'으로 사용할 셀을 클릭하거나 직접 입력한 후 [확인]을 클릭합니다.

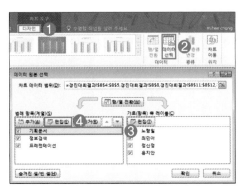

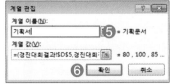

콤보 차트로 변경하기

01 콤보 차트로 변경하기 위해 '기획문 서'의 막대 그래프를 선택한 후 [차 트 도구]–[디자인] 탭의 [종류] 그 룹에서 차트 종류 변경(📊)을 클릭 합니다.

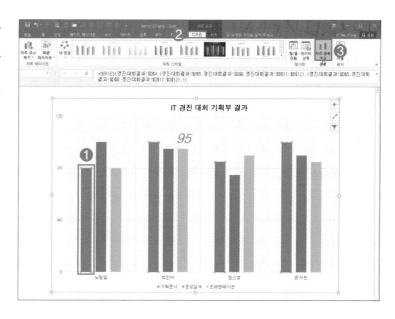

02 [차트 종류 변경] 대화상자가 열리 면 '모든 차트'에서 '콤보'가 선택되 어 있는지 확인합니다. [계열 이름] 을 '기획 문서'를 선택하고 '꺾은선 형'의 '표식이 있는 꺾은선형'을 선 택한 후 [확인]을 클릭합니다.

> **Tip** 처음부터 '콤보 차트'로 만들려면 [삽입] 탭의 [차트] 그룹에서 콤보 차트(📊▾)를 클릭합니 다.

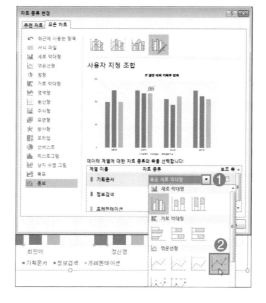

03 막대 그래프와 꺾은선이 하나의 차 트에 표시 되었습니다.

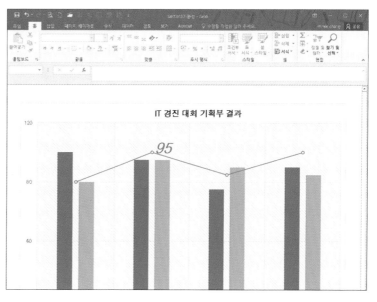

04 [차트 도구]-[서식] 탭의 [현재 선택 영역] 그룹에서 '계열 "기획문서"'를 선택한 후 선택 영역 서식(🗳)을 클릭합니다. 오른쪽에 [데이터 계열 서식] 대화상자의 '계열 옵션'의 '보조 축'을 클릭하면 오른쪽에 축이 세워집니다.

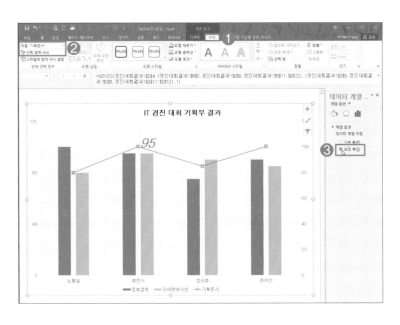

05 '보조 세로축'의 축 서식을 수정하기 위해 축 옵션(📊)을 클릭한 후 '최대값'을 '120', '단위'의 '주'를 '40'으로 입력한 후 닫기(✕) 단추를 클릭합니다.

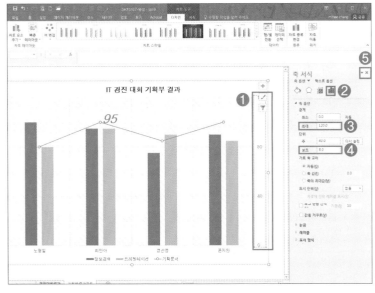

06 막대 그래프가 '콤보 차트'로 변경이 되고 '보조 세로축'으로 수정이 되었습니다.

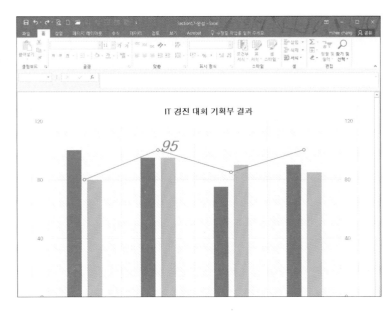

07 차트의 행과 열을 바꾸려면 [차트 도구]–[디자인] 탭의 [데이터] 그룹에서 행/열 전환(⤢)을 클릭합니다. 차트의 가로축과 세로축이 변경됩니다.

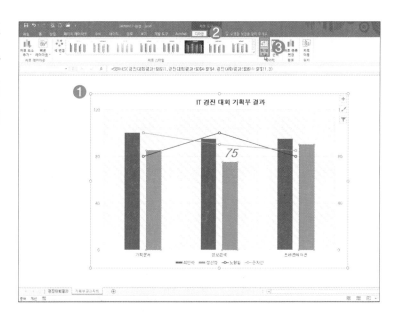

08 차트를 선택한 후 차트의 오른쪽 상단의 '차트 요소(+)'를 클릭하여 '데이터 표'를 선택합니다. 차트 하단에 데이터 표가 표시됩니다.

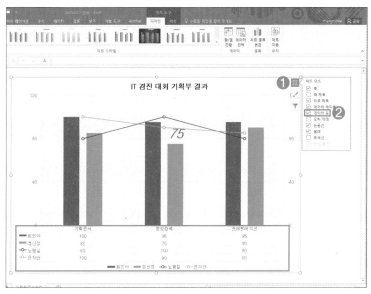

09 차트를 선택한 후 차트의 오른쪽 상단의 차트 영역(▽)을 클릭하여 '기획문서'를 해제한 후 [적용]을 클릭합니다. 차트에서 '기획문서' 그래프는 삭제됩니다. 다시 표시하려면 '기획문서'를 체크한 후 [적용]을 클릭합니다.

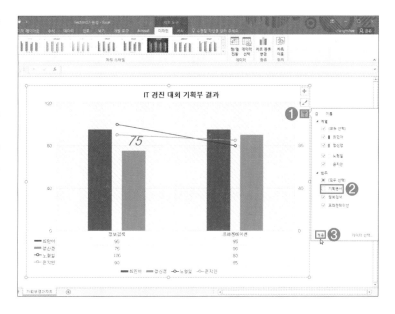

❖ 완성파일 : Section17-기초-완성.xlsx

01 'Section17-기초.xlsx' 파일의 '재수강율분석' 시트를 열고 다음의 조건대로 작성하시오.

조건

① '2차원 누적 세로 막대형'으로 차트를 삽입하시오.

② '빠른 레이아웃'의 '레이아웃2'를 적용하시오.

③ 차트 스타일의 '스타일 7'을 적용하시오.

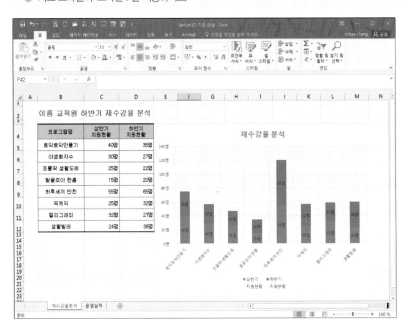

02 'Section17-기초.xlsx' 파일의 '운영실적' 시트를 열고 다음의 조건대로 작성하시오.

조건

① '3차원 원형'으로 차트를 삽입하시오.

② 차트 스타일의 '스타일 8'을 적용하시오.

③ 차트의 데이터 레이블에서 '항목 이름', '값', '백분율'을 표시하시오.

④ '강경화'강사 조각을 밖으로 빼내시오.

힌트

• [차트 도구]-[디자인] 탭의 [차트 레이아웃] 그룹에서 '차트 요소 추가'에서 '데이터 레이블'의 '기타 데이터 레이블 옵션'

• '원형 차트'를 전체 선택 후 '강경화' 조각만 한 번 더 선택 – 밖으로 드래그

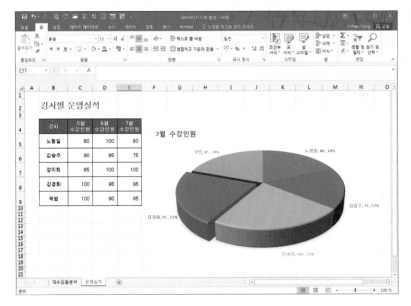

❖ 완성파일 : Section17-기초-완성.xlsx

01 'Section17-심화.xlsx' 파일의 '대회결과' 시트를 열고 다음의 조건대로 작성하시오.

조건

① '누적 영역형 묶은 세로 막대형' 콤보 차트를 삽입하시오.

② '빠른 레이아웃'의 '레이아웃5'를 적용하시오.

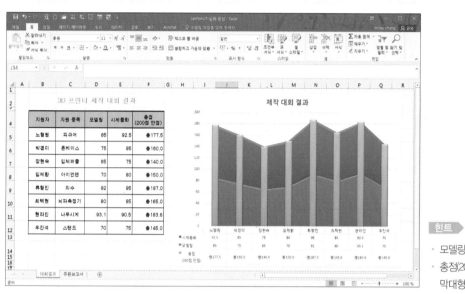

힌트

• 모델링, 시제품화 : 누적영역형
• 총점(200점 만점) : 묶은 세로 막대형

02 'Section17-심화.xlsx' 파일의 '주문보고서' 시트를 열고 다음의 조건대로 작성하시오.

조건

① '국가', '판매원', 주문량'의 항목을 이용해 '선버스트 차트'를 삽입하시오.

② '물방울' 테마를 적용하시오.

③ 비워있는 '판매원'을 삭제하시오.

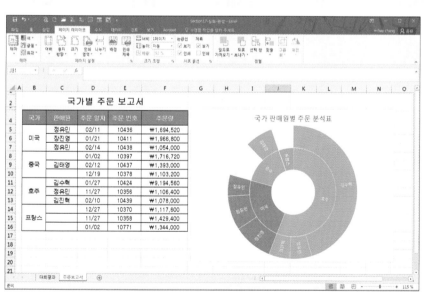

힌트

• [차트 선택]한 후 [페이지 레이아웃] 탭의 [테마] 그룹에서 '테마'에서 적용
• 차트를 삽입한 후 데이터를 지우면 남아있는 데이터만 차트에 표시되어 중요한 항목만 표시할 수 있습니다.

18

SECTION

목표값과 시나리오로 하는 가상분석

데이터의 가상 값을 예측하는 방법으로 목표 값은 수식의 결과 값은 알지만 특정 목표 값을 얻기 위해 어떤 값이 변경되어야 하는지 가상 값을 찾으며, 시나리오는 여러 개의 값이 변경 되었을때 결과 값이 어떻게 변경되는지에 대한 가상 값을 구합니다.

PREVIEW

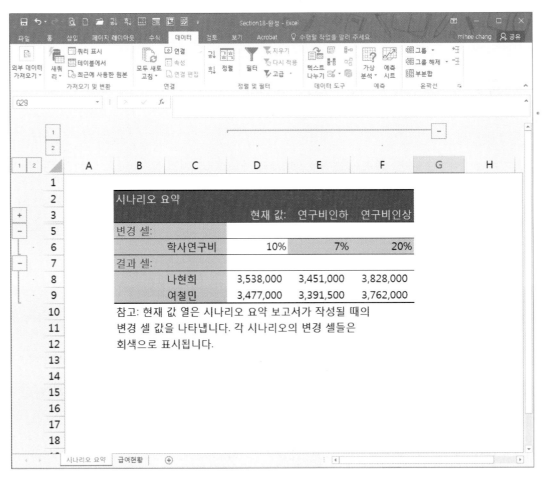

▲ 완성파일 : Section18-완성.xlsx

체크포인트

● [데이터] 탭의 [예측] 그룹에서 '목표값 찾기'를 이용해 가상 값을 구해봅니다.

● [데이터] 탭의 [예측] 그룹에서 '목표값 찾기'를 이용해 여러 변수의 값의 가상 값을 구해봅니다.

● 가상 값의 시나리오 요약 시트로 만들어 봅니다.

목표값 찾기

▼ 준비파일 : Section18.xlsx

01 '노형원'의 '실수령액'이 '3,500,000' 원이 되려면 '기본급'은 얼마인지 알아보기 위해 '수식 셀'이 있는 [G8] 셀에 클릭합니다. [데이터] 탭의 [예측] 그룹에서 가상분석(?)의 '목표값 찾기'를 클릭합니다.

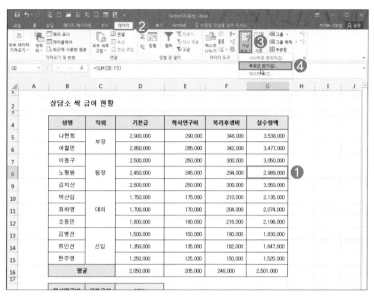

02 '수식 셀'은 'G8', '찾는 값'에는 '3500000'을 입력하고, '값을 바꿀 셀'에는 [D8] 셀을 클릭하여 입력한 후 [확인]을 누른다. [목표값 찾기] 대화상자의 [확인]을 누른다.

Tip 찾는 값은 직접 입력해야 합니다.

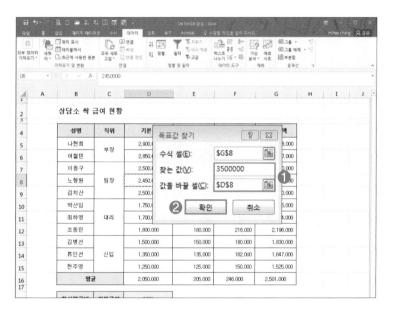

03 셀에 입력된 '노형원'의 '기본급'이 변경 되었습니다. [목표값 찾기 상태] 대화상자의 [확인]을 클릭하면 워크시트에 내용이 수정됩니다.

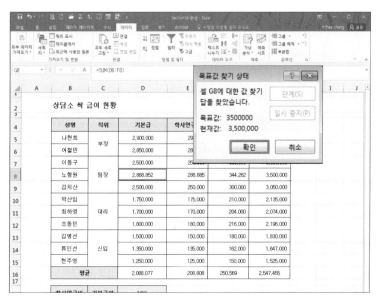

여러 변수의 시나리오 관리자

01 '학사연구비'의 변동에 따른 '나현희', '여철민' 부장의 '실 수령액'의 변동 값을 예측하려고 합니다. 우선 변동 값 또는 예측 값의 정확한 표시를 위해 이름 정의를 먼저 합니다. [D18] 셀을 클릭한 후 수식 입력줄의 '이름 상자'에 '학사연구비'를 입력한 후 Enter 를 누릅니다.

02 '나현희'의 '실수령액'인 [G5] 셀은 '나현희'로 이름을 정의하고, '여철민'의 '실수령액'인 [G6] 셀은 '여철민'으로 이름을 정의합니다.

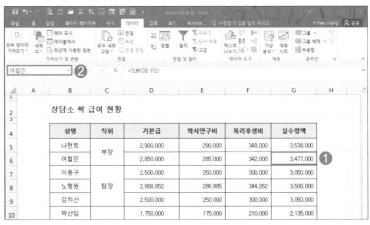

03 [데이터] 탭의 [예측] 그룹에서 가상 분석(🔾)의 [시나리오 관리자]를 클릭합니다.

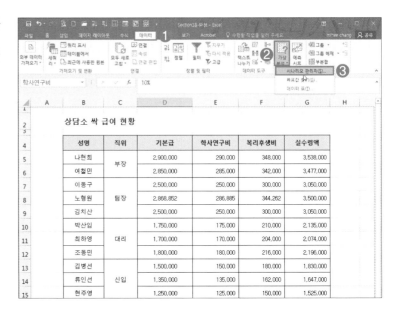

04 [시나리오 관리자] 대화상자가 열리면 [추가]를 클릭합니다.

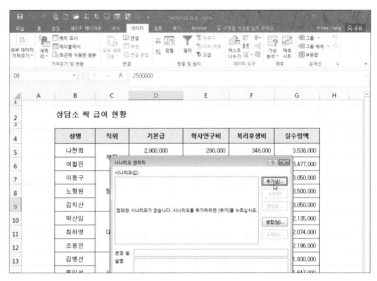

05 '시나리오 이름' 창에는 '연구비인하'를 입력한 후 '변경 셀'에는 학사연구비인 [D18] 셀을 클릭한 후 [확인]을 클릭합니다.

06 [시나리오 값] 대화상자가 열리면 '학사연구비'의 입력창에 '0.07'을 입력한 후 [확인]을 클릭합니다.

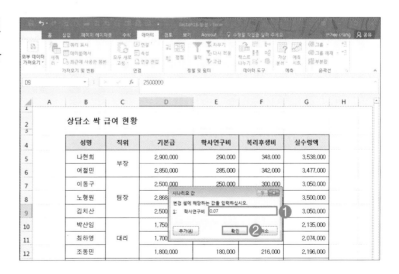

07 [시나리오 관리자] 대화상자가 열리면 두 번째 예측 값을 입력하기 위해 [추가]를 클릭합니다.

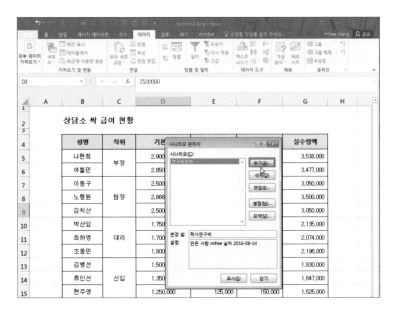

08 '시나리오 이름'에는 '연구비인상'을 입력한 후 '변경 셀'에 [D18] 셀을 클릭한 후 [확인]을 클릭합니다. [시나리오 값]의 대화상자가 열리면 '학사연구비'의 입력창에 '0.2'를 입력한 후 [확인]을 클릭합니다.

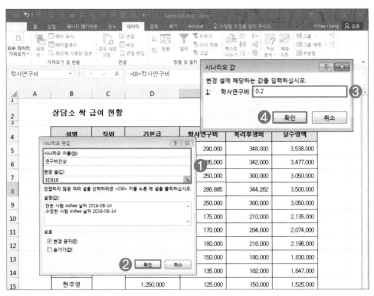

09 [시나리오 관리자] 대화상자에서 '연구비인하'를 선택한 후 [표시]를 클릭합니다. '나현희'와 '여철민'의 '실수령액'이 변경되었습니다. '연구비인상'도 선택한 후 [표시]를 클릭하여 변경된 값을 확인해 봅니다.

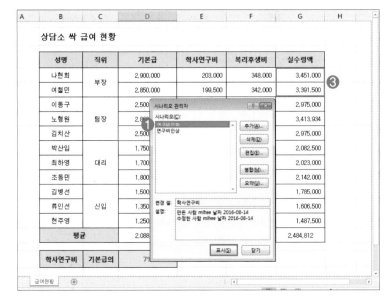

시나리오 요약 분석

01 [D18] 셀의 값을 원래대로 '10%'로 수정합니다. 예측 값에 의해 변동된 값을 다른 시트에 표시하기 위해 [데이터] 탭의 [예측] 그룹에서 가상 분석(📊)의 [시나리오 관리자]를 클릭합니다.

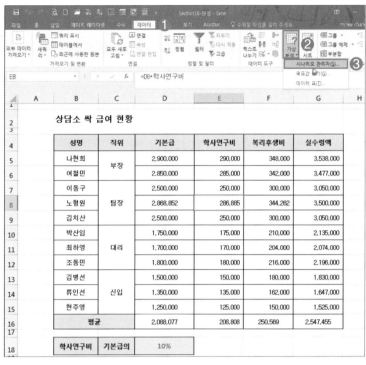

02 [시나리오 관리자] 대화상자가 열리면 [요약]을 클릭합니다. [시나리오 요약] 대화상자에서 '시나리오 요약'이 선택되어 있는지 확인한 후 '결과 셀'의 입력창에 [G5:G6] 셀을 드래그하여 지정한 후 [확인]을 클릭합니다.

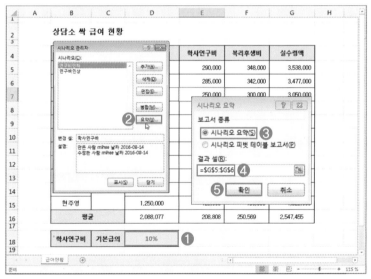

03 '변경 셀' 값에 '실수령액'의 예측값을 다른 시트에 요약해 줍니다.

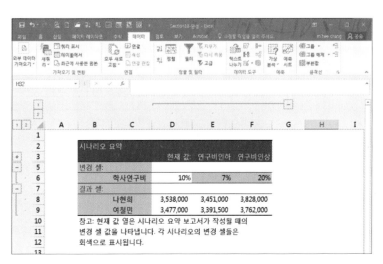

❖ 완성파일 : Section18-기초-완성.xlsx

01

'Section18-기초.xlsx' 파일의 '운영현황' 시트를 열고 다음의 조건대로 작성하시오.박수

① '박숙희'의 '강사료'가 '5,500,000'원이 되려면 박숙희의 '강의시간'은 몇 시간이 되어야 하는지 목표값 찾기로 구한 후 워크시트에 표시하시오.

힌트

· 목표값 찾기
· 수식 셀 : 박수희 강사료
· 찾는 값 : 5500000
· 값을 바꿀 셀 : 박숙희의 강의시간

02

'Section18-기초.xlsx' 파일결과에 이어서 다음의 조건대로 시나리오를 작성하시오.

① 시나리오 1 : 시나리오 이름은 '강사료인하', 시급강사료(B14)'를 '130,000' 값으로 설정

② 시나리오 2 : 시나리오 이름은 '강사료인상', 시급강사료(B14)'를 '170,000' 값으로 설정

③ 워크시트에 '강사료인하'를 먼저 표시한 후 확인하고, '강사료인상'도 워크시트에 표시하시오.

힌트

· [시나리오 관리자]-[추가]-[표시]

❖ 완성파일 : Section18-심화-완성.xlsx

01

'Section18-심화.xlsx' 파일의 '매출현황' 시트를 열고 다음의 조건대로 작성하시오.

조건

① '총금액(G12)'이 '15,000,000'원이 되려면 '정주일'의 '실매출량'은 얼마가 되어야 하는지 목표값 찾기로 구한 후 워크시트에 표시하시오.

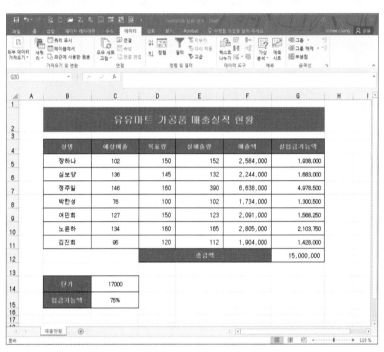

02

'Section18-심화.xlsx' 파일의 결과에 이어 '단가(C14)'와 '입금가능액(C15)'이 다음과 같이 변동하는 경우 '총금액(G12)'이 변하는 시나리오를 다음 조건에 맞게 작성하시오.

조건

① 시나리오 1 : 시나리오 이름은 '인하', 단가(C14)는 '15000', 입금가능액(C15)는 '65%' 값으로 설정

② 시나리오 2 : 시나리오 이름은 '인상', 단가(C14)는 '19000', 입금가능액(C15)는 '85%' 값으로 설정

③ 시나리오 요약 보고서를 작성하고 '매출현황'시트 뒤로 이동하시오..

힌트
• [시나리오 관리자]-[추가]-[요약]

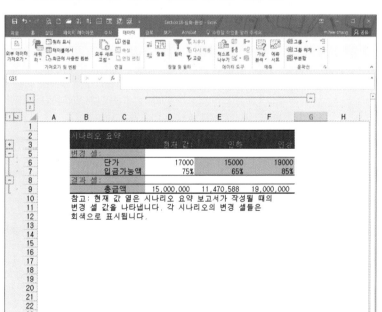

19
SECTION

데이터 표와 예측 관리

가상분석에서 행과 열의 변수를 여러 개 지정하여 수식의 특정 값을 변경했을때 행/열방식으로 달라지는 예상 값을 보여주는 데이터 표와 예측된 값과의 데이터를 차트 테이블로 향후나 추세를 예측하는 예측 시트가 있습니다.

PREVIEW

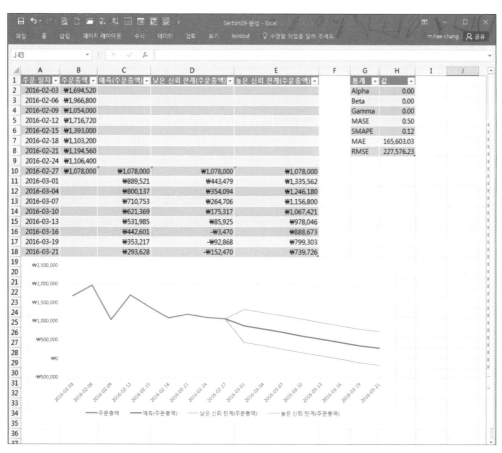

▲ 완성파일 : Section19-완성.xlsx

학습내용

체크포인트

- [데이터] 탭의 [예측] 그룹에서 '표' 기능을 이용해 행/열의 변화 값에 대한 예측을 해봅니다.

- [데이터] 탭의 [예측] 그룹에서 예측 시트 기능을 추후 날짜와 시간에 대한 그래프와 예측 통계 값을 구해봅니다.

- 예측 시트 그래프에 스타일을 설정해 봅니다.

실습 01 데이터 표

■ ■ ■ ■ ■

▼ 준비파일 : Section19.xlsx

01 '할인율'과 '단가'의 여러 변수를 미리 입력해 두고 '총금액'의 결과 값을 예측하기 위해 [C8] 셀에 클릭한 후 '='을 입력한 후 [C5] 셀을 클릭하여 수식을 연결해 둡니다.

Tip 데이터 표는 수식 값을 기준으로 예측하므로 데이터 표의 수식이 반드시 왼쪽 첫 열에 있어야 합니다.

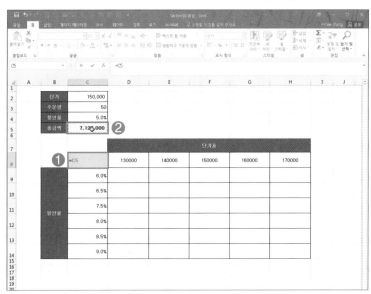

02 [C8:H14] 셀을 블록 설정하고 [데이터] 탭의 [예측] 그룹에서 가상분석(📊)의 '시나리오 관리자'를 클릭합니다. [데이터 표] 대화상자가 열리면 '행 입력 셀'에는 [C2] 셀을 클릭하여 지정하고 '열 입력 셀'에는 [C4] 셀을 클릭하여 지정한 후 [확인]을 클릭합니다.

Tip '표'에서 '단가'는 '행'으로 나열되어있으며 '할인율'은 '열'로 나열 되어 있어 있습니다.

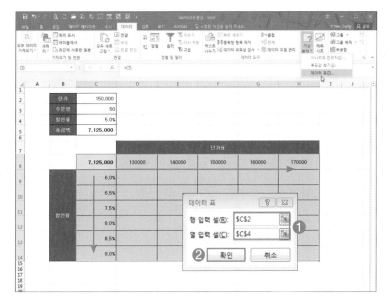

03 '단가'와 '할인율'에 대해 예측 값을 확인할 수 있습니다.

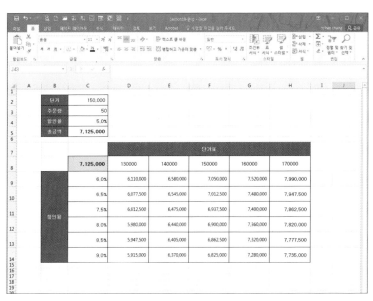

시각적 가상 분석 예측시트

01 '주문보고서' 시트에서 '주문일자'와 '주문액'에 따른 예측 그래프를 작성하기 위해 표 안의 임의의 셀에 클릭한 후 [데이터] 탭의 [예측] 그룹에서 예측 시트(📈)를 클릭합니다.

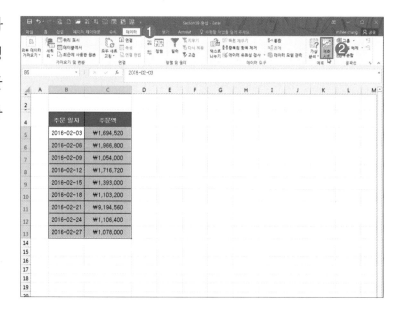

02 [예측 워크시트 만들기] 대화상자가 열리면 '옵션'을 클릭하여 하위 목록을 표시한 후 '예측 종료'와 '예측 시작'의 날짜를 지정합니다. 워크시트에 예측 통계 정보를 그래프와 함께 나타내기 위해 '예측 통계 포함'에 체크하고 [만들기]를 클릭합니다.

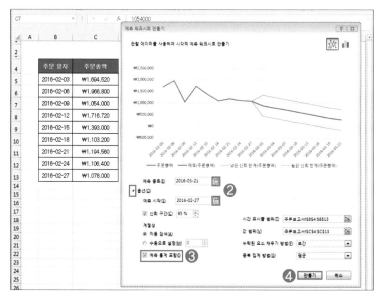

03 새로운 워크시트가 삽입되며 '예측 통계 정보가 [표] 형태로 표시되며 예측 값이 지정한 날짜 부분에서는 빨간색 그래프로 표시되어 있습니다.

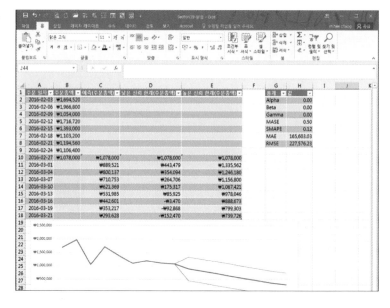

04 '예측 시트'를 선택하면 [차트 도구] 상황 탭이 열립니다. [차트 도구]–[디자인] 탭에서 [차트 레이아웃] 그룹의 '빠른 레이아웃'에서 '레이아웃 6'을 선택합니다. '높은 신뢰 한계, 예측, 낮은 신뢰 한계' 등이 표시됩니다.

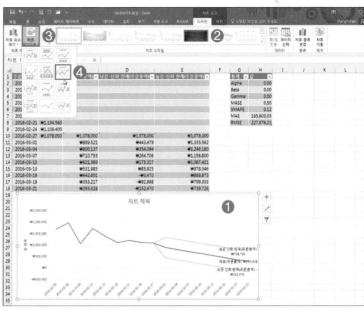

05 '예측 시트'를 선택한 후 [차트 도구]–[디자인] 탭에서 [종류] 그룹의 '차트 종류 변경'을 클릭하여 '100% 기준 누적 꺾은선형'을 선택한 후 [확인]을 클릭합니다.

06 [차트 제목]을 수정하고 크기를 조절합니다.

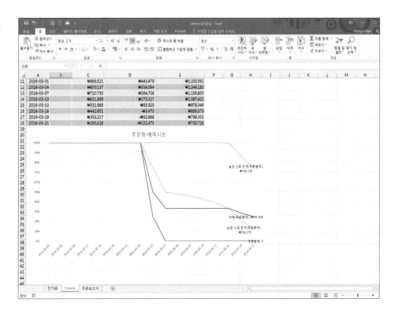

❖ 완성파일 : Section19-기초-완성.xlsx

01

'Section19-기초.xlsx' 파일의 '매출현황' 시트를 열고 다음의 조건대로 작성하시오.

 조건

① '단가'와 '할인율'에 따른 '장하나'의 '실입금액'을 '데이터 표'를 이용해 예측하시오.

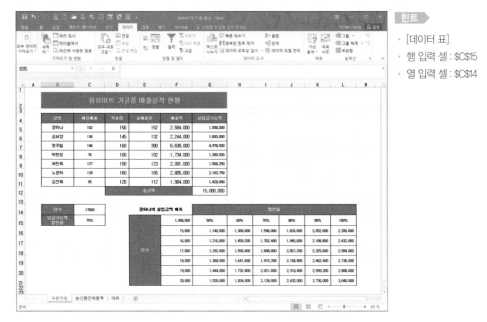

힌트

- [데이터 표]
- 행 입력 셀 : $C$15
- 열 입력 셀 : $C$14

02

'Section19-기초.xlsx' 파일의 '농산품판매품목' 시트를 열고 다음의 조건대로 작성하시오.

 조건

① '농산품판매품목' 시트를 이용하여 '2017-4-2'부터 '2017-4-28'까지의 판매수량의 합계를 표와 차트로 예측 시트를 만드시오.

② 시트이름을 '예측'으로 바꾸고 '농산품판매품목' 뒤로 이동하시오.

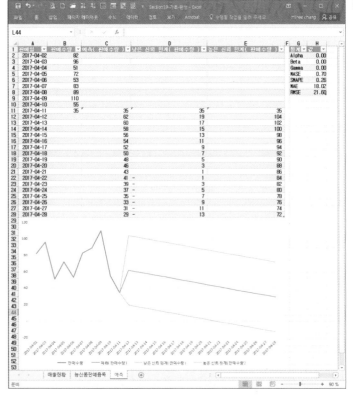

힌트

- [예측시트]-[예측종료]-[4월28일]
- [옵션]-[예측 통계 포함] 체크

심화문제

❖ 완성파일 : Section19-심화-완성.xlsx

01 'Section19-심화.xlsx' 파일의 '월상환액' 시트를 열고 다음의 조건대로 작성하시오.

조건

① '상환기간(월)'과 '이자율(연)'에 따른 '월상환액'을 '데이터 표'를 이용해 예측하시오.

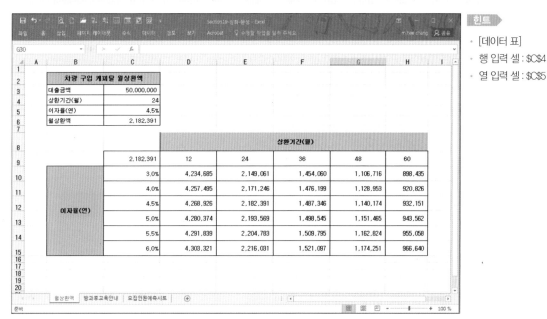

힌트

- [데이터 표]
- 행 입력 셀 : $C$4
- 열 입력 셀 : $C$5

02 'Section19-심화.xlsx' 파일의 '방과후교육안내' 시트를 열고 다음의 조건대로 작성하시오.

조건

① '방과후교육안내' 시트를 이용하여 '2017-5-9'부터 '2017-5-19'일 까지의 '모집인원'의 평균을 표와 차트로 예측시트를 만드시오.

② 차트는 막대그래프를 표시하시오. 차트는 '차트 스타일 4'를 적용하시오.

③ 시트이름을 '모집인원' 예측시트로 바꾸고 '방과후교육안내' 뒤로 이동하시오.

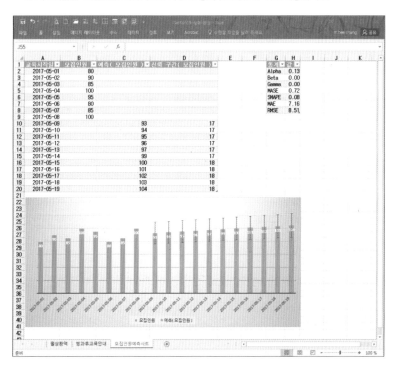

20
SECTION

컨트롤 도구와 매크로를 이용한 문서 자동화

반복되는 동일한 작업을 특정한 키에 저장해 두었다가 한꺼번에 실행시키는 기능을 매크로라고 하며, 명령단추를 만들거나 항목을 선택할 수 있도록 도구화 시키는 컨트롤 도구를 이용해 매크로와 연결하여 자동화 문서를 만드는데 사용합니다.

PREVIEW

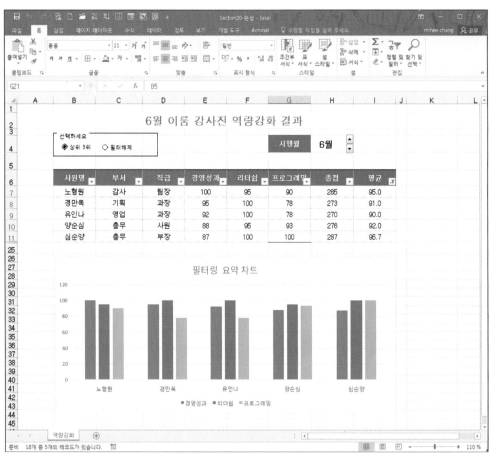

▲ 완성파일 : Section20.xlsx

학습내용

실습 01 매크로 기록과 실행

실습 02 양식 컨트롤을 이용한 자동화 문서

실습 03 양식 컨트롤에 매크로 연결하기

체크포인트

● 반복되는 작업을 매크로 기능에 저장하여 자동화 문서를 구성해 봅니다.

● 양식 컨트롤의 옵션단추와 스핀단추를 삽입해 봅니다.

● 삽입된 양식 컨트롤과 매크로를 연결하여 봅니다.

● 매크로가 삽입된 문서인 'Excel 매크로 사용 통합문서(.xlsm)'로 저장해 봅니다.

매크로 기록과 실행

▼ 준비파일 : Section20.xlsx

01 평균 상위 5위까지의 자동 매크로를 만들기 위해 [보기] 탭에서 [매크로] 그룹의 매크로(📋)에서 매크로 기록(📋)을 클릭합니다.

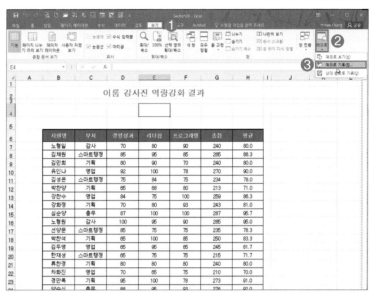

02 [매크로 기록] 대화상자가 열리면 '매크로 이름'에 '평균5위'를 입력하고 '매크로 저장 위치'를 '현재 통합 문서'로 선택한 후 [확인]을 클릭합니다.

03 [데이터] 탭의 [정렬 및 필터] 그룹에서 [필터]를 클릭합니다. [평균] 필터 목록을 클릭한 후 '숫자 필터 – 상위 10'을 클릭합니다. [상위 10 자동필터] 대화상자가 열리면 '표시'에서 '5'를 수정한 후 [확인]을 클릭합니다.

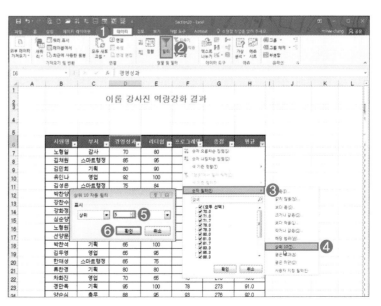

04 기록이 끝나면 [보기] 탭에서 [매크로] 그룹의 매크로(▢)-기록중지(■)을 클릭합니다.

> **Tip** 매크로 기록 중지는 왼쪽 하단의 상태표시줄의 '중지' 버튼을 눌러도 됩니다.

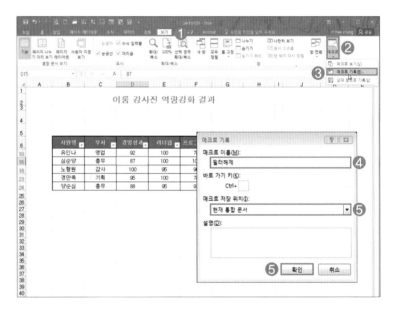

05 필터링 해제 매크로를 만들기 위해 [보기] 탭에서 [매크로] 그룹의 매크로(▢)-매크로 기록(▦)을 클릭합니다. [매크로 기록] 대화상자가 열리면 '매크로 이름'에 '필터해제'를 입력하고 '매크로 저장 위치'를 '현재 통합 문서'로 선택한 후 [확인]을 클릭합니다.

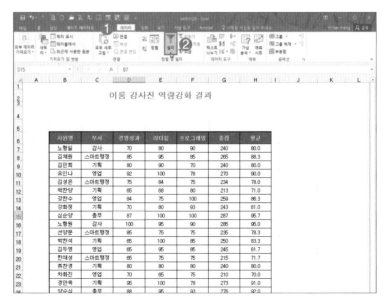

06 [데이터] 탭의 [정렬 및 필터] 그룹에서 [필터]를 클릭하여 필터링을 해제합니다.

07 기록이 끝나면 [보기] 탭의 [매크로] 그룹의 매크로(⬚)에서 기록중지(■)을 클릭합니다.

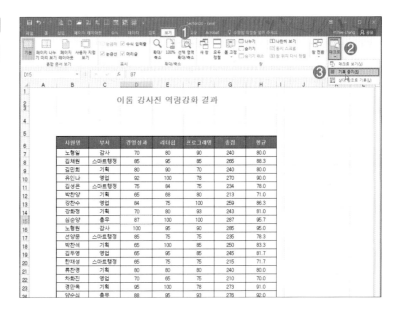

08 [보기] 탭의 [매크로] 그룹에서 매크로(⬚)-매크로 보기(⬚)를 클릭합니다. [매크로] 대화상자에서 '매크로 이름'을 '평균5위'를 선택하여 '실행'을 클릭합니다.

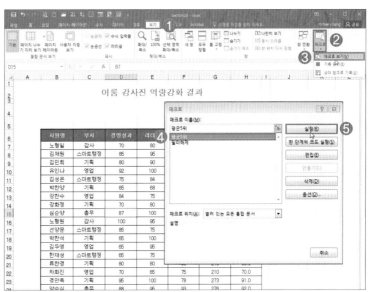

09 평균 5위의 순위가 한 번에 필터링됩니다. [보기] 탭의 [매크로] 그룹의 매크로(⬚)-매크로 보기(⬚)를 클릭합니다. [매크로] 대화상자에서 '매크로 이름'을 '평균해제'를 선택하여 '실행'을 클릭하여 '필터링 해제' 해봅니다.

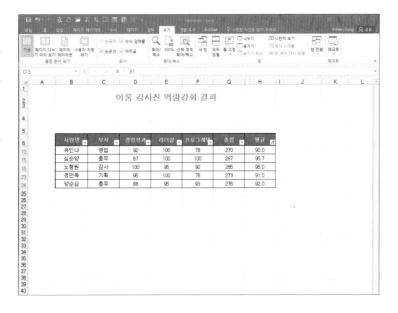

01 컨트롤 도구를 사용하려면 [개발 도구]탭을 추가해야 합니다. [빠른 메뉴]의 목록 단추를 누른 후 [기타 명령]을 클릭합니다.

> **Tip** [파일] 탭의 [옵션]을 클릭해도 됩니다.

02 [Excel 옵션] 대화상자가 열리면 [리본 사용자 지정] 탭을 클릭한 후 오른쪽의 '리본 메뉴 사용자 지정'에서 '개발 도구'를 체크한 후 [확인]을 클릭합니다.

03 컨트롤 도구상자를 이용해 그룹 상자를 만들고 그룹 상자 안에 옵션 단추를 만들기 위해 [개발 도구] 탭의 [컨트롤] 그룹에서 삽입(🛠)을 클릭합니다. '양식 컨트롤'의 그룹 상자(🔲)를 선택합니다.

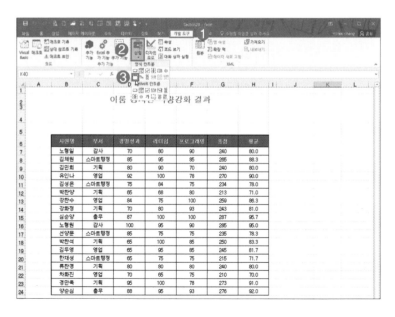

04 그룹 상자(▢)를 워크시트에 드래
그한 후 '선택하세요'를 입력합니다.
그룹 안에 선택할 수 있는 옵션 단
추를 만들기 위해 [개발 도구] 탭의
[컨트롤] 그룹에서 삽입(📷)을 클릭
합니다. '양식 컨트롤'의 옵션 단추
(◉)를 선택합니다.

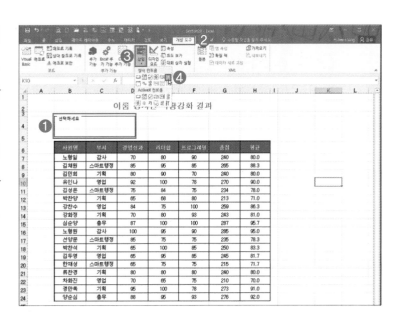

05 옵션 단추(◉)를 그룹 상자 안에 드
래그한 후 마우스를 단추 안에 'I' 상
태일때 단추의 이름을 '상위5위권'
으로 수정합니다. 옵션 단추(◉)를
하나 더 삽입한 후단추의 이름을
'원본'으로 수정합니다.

> **Tip** '옵션 단추'를 복사하여 수정할 수 있습니다.

06 [G4]셀에 '시행월'을 입력합니다.
[개발 도구] 탭의 [컨트롤] 그룹에서
삽입(📷)을 클릭하여 '양식 컨트롤'
의 스핀 단추(⬆)를 [H4] 셀의 오른
쪽에 드래그하여 삽입한 후 마우스
오른쪽 단추를 눌러 '컨트롤 서식'을
클릭합니다. [컨트롤 서식] 대화상
자에서 '최소값 -1, 최대값-12' 셀
연결은 [H4] 셀을 클릭한 후 [확인]
을 클릭합니다.

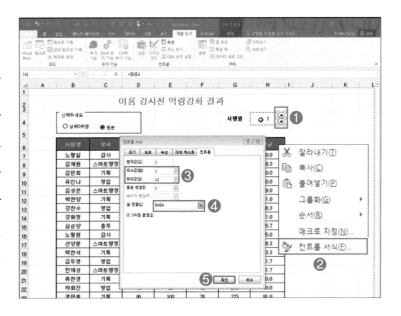

07 [H4] 셀을 클릭한 후 [홈] 탭의 [표
시 형식] 의 [자세히]를 클릭한 후
[셀 서식] 대화상자에서 '사용자 지
정'을 선택합니다. '형식'에서 'G/표
준'을 클릭하여 선택하고 서식 뒤에
"월"을 입력한 후 [확인]을 클릭합
니다. [홈] 탭의 [맞춤] 그룹에서 '가
운데 정렬'을 합니다.

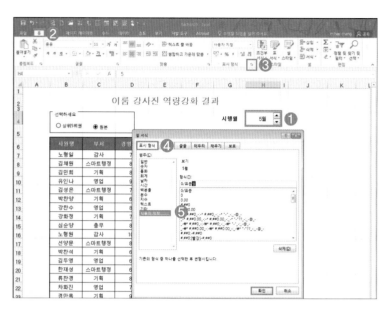

08 [B2] 셀의 제목을 '=H4&"월 이룸
강사진 역량강화 결과"'로 수정합니
다.

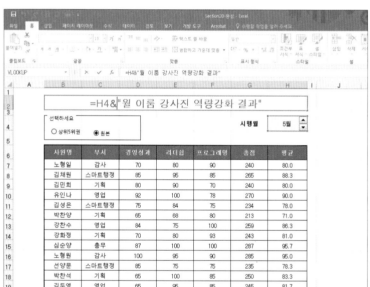

09 [H4] 셀의 스핀 단추를 눌러 시행월
을 수정하면 제목 부분도 같이 수정
됩니다.

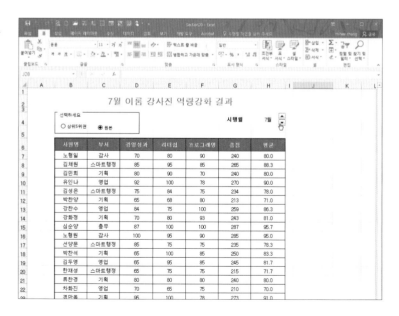

양식 컨트롤에 매크로 연결하기

01 '상위5위권' 옵션 단추를 마우스 오른쪽 단추를 클릭하여 선택한 후 '매크로 지정'을 클릭합니다. [매크로 지정] 대화상자에서 '평균5위'를 선택한 후 [확인]을 클릭합니다.

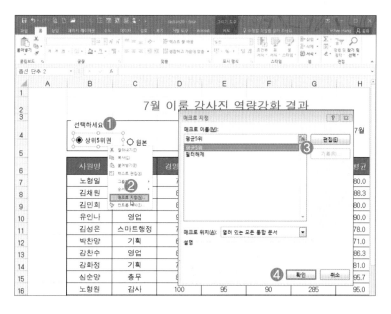

02 '원본' 옵션 단추를 마우스 오른쪽 단추를 클릭하여 선택한 후 '매크로 지정'을 클릭합니다. [매크로 지정] 대화상자에서 '필터해제'를 선택한 후 [확인]을 클릭합니다.

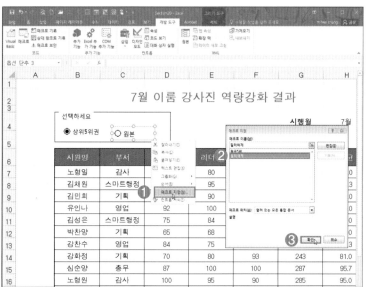

03 '상위5위권' 단추와 '원본' 필터를 클릭하면 매크로가 실행됩니다. '상위5위권'을 클릭하여 필터링한 데이터를 [삽입] 탭의 [차트] 그룹에서 [세로 막대]를 삽입해 봅니다. 단추를 누를때마다 차트도 함께 적용됩니다.

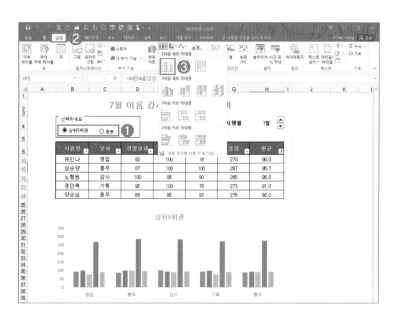

04 매크로를 포함한 문서를 저장하면 '다음 기능은 매크로 제외 통합 문서에 저장할 수 없습니다.'라는 메시지가 표시 됩니다. 매크로를 포함하여 문서에 저장하기 위해 '아니오'를 클릭합니다.

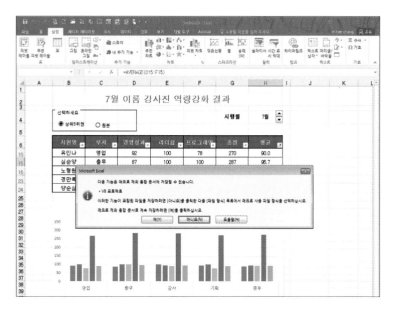

05 [다른 이름으로 저장] 대화상자가 열리면 '파일 형식'을 'Excel 매크로 사용 통합 문서'를 선택한 후 [저장]을 클릭합니다.

> **Tip** 매크로가 포함된 문서는 'Excel 매크로 사용 통합 문서'로 저장해야 하며, 매크로 포함 문서를 열면 윗 상단의 '컨텐츠 사용'을 클릭하여야 편집이 가능합니다.

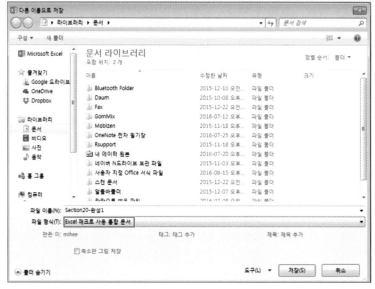

06 저장한 매크로를 삭제하려면 [보기] 탭의 [매크로] 그룹에서 매크로(🖵)를 클릭한 후 매크로 보기(🖵)를 클릭합니다. [매크로] 대화상자에서 삭제할 매크로를 선택한 후 [삭제]를 클릭합니다.

알아두기 : 매크로 보안 설정

매크로 바이러스는 엑셀, 워드등 오피스 프로그램에 감염되어 작성된 파일에 감염됩니다. 엑셀 매크로 파일은 바이러스로
부터 파일을 보호하기 위해 보안 기능을 설정하여 통합 문서를 열 때 매크로를 실행할 수 있습니다.

● [개발 도구] 탭의 [코드] 그룹에서 '매크로 보안'을 클릭합니다.

● [보안 센터]에서 '매크로 설정'의 '모든 매크로 제외(알림 표시)를 선택한 후 [확인]을 누릅니다.

● '모든 매크로 제외(알림 표시)'는 기본설정으로 매크로를 사용하지 않아도 매크로가 포함 된 문서에는 보안 경고가 표시
되면 해당 매크로를 사용할지 여부를 선택할 수 있습니다.

■ 신뢰할 수 있는 공간으로 설정하여 매크로 저장하기

● 매크로 파일을 열 때마다 경고문이 표시되지 않으며 매크로와 부가기능을 편리하게 사용하려면 저장 공간을 신뢰할 수
있는 공간으로 지정하면 편리합니다.

● [신뢰할 수 있는 위치]의 [새 위치 추가]를 클릭한 후 [찾아보기]를 선택하여 사용할 폴더를 선택하고, 하위 폴더도 신뢰
할 수 있도록 체크를 합니다.

● 매크로 문서를 사용한다면 신뢰공간을 만들어 사용하면 편리합니다.

❖ 완성파일 : Section20-기초-완성.xlsx

01 'Section20-기초.xlsx' 파일의 '온라인 상품판매 현황' 시트를 열고 다음의 조건대로 작성하시오.

조건

① [C17:F17] 셀 영역의 총합계 매크로를 작성하고, 매크로의 이름은 '총합계'로 정의하시오.

② [C18:F18] 셀 영역의 총합계 매크로를 작성하고, 매크로의 이름은 '최대매출액'으로 정의하시오.

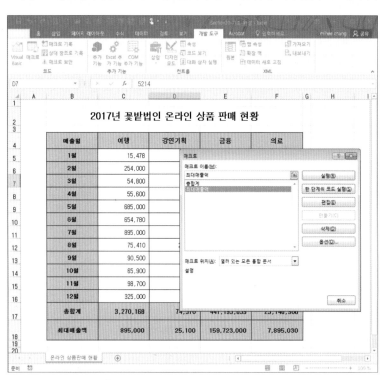

02 'Section20-기초.xlsx' 파일의 결과에 이어서 조건대로 작성하시오.

조건

① [H5] 셀에 양식 컨트롤의 '단추'를 삽입하고, 단추의 텍스트를 '총합계'로 편집하시오.

② [H5] 셀에 양식 컨트롤의 '단추'를 에 '총합계'매크로를 지정하시오.

③ [H6] 셀에 양식 컨트롤의 '단추'를 삽입하고, 단추의 텍스트를 '최대매출액'으로 편집하시오.

④ [H5] 셀에 양식 컨트롤의 '단추'에 '최대매출액'매크로를 지정하시오.

힌트

• [양식 컨트롤]의 '단추'는 바로 '매크로 지정'대화상자가 열립니다. '매크로 기록'을 하지 않는다면 '확인'을 클릭합니다.

• 단추에 직접 매크로를 지정할 수 도 있습니다.

심화문제

❖ 완성파일 : Section20-심화-완성.xlsx

01 'Section20-심화.xlsx' 파일의 '체력장결과'시트를 열고 다음의 조건대로 작성하시오.

 조건

① [J5] 셀과 [K5] 셀에 각 각 양식 컨트롤의 '콤보상자'를 삽입합니다.

② [J5] 셀에 삽입한 '콤보 상자'의 '컨트롤 서식'에서 '입력 범위'는 [$N$5:$N$8], '셀 연결 - N9'로 설정합니다.

③ [K5] 셀에 삽입한 '콤보 상자'의 컨트롤 서식을 '입력 범위'는 [$O$5:$O$8], '셀 연결 - O9'로 설정합니다.

④ [J7:K7] 셀까지 양식 컨트롤의 '단추'를 삽입하고 단추의 이름은 '필터링시작'으로 편집합니다.

02 'Section20-기초.xlsx' 파일에 이어서 다음의 조건대로 작성하시오.

 조건

① [J5] 셀에 'CHOOSE'함수를 이용하여 'N9'의 값에 따라 '1'이면 '기획', '2'이면 '홍보', '3'이면 '영업', '4'이면 '예산'을 계산하는 수식을 입력하시오.

② [K5] 셀에 'CHOOSE'함수를 이용하여 O9의 값에 따라 '1'이면 '사원', '2'이면 '과장', '3'이면 '부장', '4'이면 '대리'를 계산하는 수식을 입력하시오.

③ [B4:H4] 셀을 복사하여 [J12:P12] 셀에 붙여 넣으시오.

④ [J5:K6] 셀의 조건에 만족하는 데이터를 [J12:P12] 셀의 항목으로 고급 필터링하는 매크로를 정의하고, 매크로의 이름은 '필터링'으로 지정하시오.

⑤ [J9:K9] 셀의 양식 컨트롤의 '단추'에 '필터링' 매크로를 지정하시오.

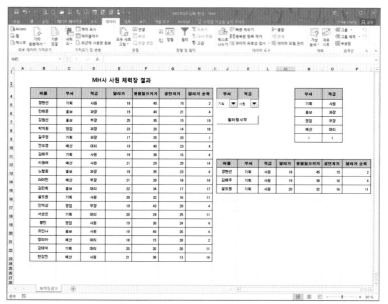

힌트 ▶

• 함수를 입력할 때 콤보 상자가 입력된 셀은 클릭이 되지 않습니다. 'J4'셀을 클릭한 후 ↓ 단추를 눌러 J5셀로 이동합니다.

• 수식은 수식입력줄에 입력합니다.

• =CHOOSE(N9,"기획","홍보","영업","예산") / =CHOOSE(O9,"사원","과장","부장","대리")

• N9와 O9 의 연결셀에 입력된 숫자의 변화에 따라 CHOOSE함수가 실행됩니다.

◆ 뉴 마이 러브 시리즈

플래시 CS6

오연주 지음 |
국배판 |
232쪽 |
11,000원

01 어렵다고 하는 IT!

신개념의 IT 교재인 New My Love 시리즈는 독자 여러분에게 보다 쉽고 친근하게 다가갈 수 있도록 정성을 다했습니다.

02 실습 위주의 따라하기 구성

기본 기능 및 실무에서 꼭 필요한 예제 중심으로 실습 체계를 구성하여 누구나 쉽게 따라하면서 경험을 쌓을 수 있도록 하였습니다.

03 베테랑 교사들의 알찬 노하우 수록

일선에서 강의하면서 학생들의 집중적인 질문을 받았던 핵심 사항들을 'Tip', '강의노트', '알아두기' 코너로 담아 학습 능률을 배가 시켰습니다.

04 시원하고 미려한 디자인

학습 능률을 UP 시킬 수 있도록 시원한 디자인과 글꼴 크기를 키웠습니다.

05 한 달 단위로 마스터하도록 구성

전체 15~20 단원으로 나누어 한 달 단위 교육 커리큘럼에 맞추어 학습을 진행할 수 있도록 하였습니다.

06 스스로 해보는 풍부한 문제 수록

각 단원이 끝날 때마다 난이도 별로 기초 실습과 활용 실습으로 분류한 문제를 수록하여 학습 이해도 및 응용 능력을 키울 수 있도록 하였습니다.

07 홈페이지에서 자료 다운로드

본 도서의 예제파일과 결과파일은 교학사 홈페이지(www.kyohak. co.kr)-[IT/기술/수험서]-[도서자료]에서 다운받아 실습에 사용할 수 있습니다.

윈도우7+인터넷

안영희 지음 |
국배판 |
212쪽 |
11,000원

포토샵 CS5(영문판)

황현숙 지음 |
국배판 |
216쪽 |
11,000원

한글 2010

안영희 지음 |
국배판 |
196쪽 |
11,000원

플래시 CS6(영문판)

오연주 지음 |
국배판 |
232쪽 |
11,000원

엑셀 2013

김민하 지음 |
국배판 |
224쪽 |
11,000원

파워포인트 2013

오연주 지음 |
국배판 |
200쪽 |
11,000원

일러스트레이터 CS5(영문판)

신연경, 김혜성 지음 |
국배판 |
208쪽 |
11,000원

포토샵 CS6(한글판)

전종원 지음 |
국배판 |
212쪽 |
11,000원

한글 2014

안영희 지음 |
국배판 |
208쪽 |
10,000원

엑셀 2016

New My Love 시리즈

2017년 4월 10일 초판 1쇄 발행
2023년 2월 20일 초판 4쇄 인쇄
2023년 2월 28일 초판 4쇄 발행

펴낸곳 (주) 교학사

펴낸이 양진오

주 소 (공장)서울특별시 금천구 가산디지털1로 42 (가산동)
        (사무소)서울특별시 마포구 마포대로14길 4 (공덕동)

전 화 02-707-5314(편집), 02-839-2505(영업)

팩 스 02-707-5316(편집), 02-839-2728(영업)

등 록 1962년 6월 26일 〈18-7〉

교학사 홈페이지 http://www.kyohak.co.kr

책을 만든 사람들
저 자 ㅣ 장미희
기 획 ㅣ 교학사 정보산업부
진 행 ㅣ 교학사 정보산업부
디자인 ㅣ 교학사 정보산업부